W0090477

Hanna Perwanger

Südtiroler Leibgerichte

VERLAGSANSTALT ATHESIA · BOZEN

10., völlig neubearbeitete Auflage
(Neuausgabe)

Das Werk einschließlich aller seiner Teile
ist urheberrechtlich geschützt. Jede
Verwertung außerhalb der engen Grenzen
des Urheberrechtsgesetzes ist ohne
Zustimmung des Verlags unzulässig und
strafbar. Das gilt insbesondere für
Vervielfältigungen, Übersetzungen,
Mikroverfilmungen und die Einspeicherung
und Verarbeitung in elektronischen
Systemen.

© 1986 BLV Verlagsgesellschaft mbH,
München

Satz und Druck: Appl, Wemding
Bindung: R. Oldenbourg, München

Printed in Germany · ISBN 3-405-13279-7

Alleinauslieferung für Italien:
Verlagsanstalt ATHESIA-Bozen

Bildnachweis

Pete A. Eising, Unterföhring
Seiten 18/19, 63, 94/95
C. P. Fischer, Baldham
Seite 34
Fotostudio Bruno Flaim, Bozen
Seiten 47, 111
Frasnelli-Keitsch, Bozen
Seite 22
Komplett-Büro, München
Seite 38
C. H. Knorr GmbH, Heilbronn
Seiten 2, 14, 26, 30, 42, 50, 51, 58, 114
Kur- und Verkehrsamt Brixen
Seiten 2, 10, 107, 118
Maizena Gesellschaft mbH, Heilbronn
Seiten 2 (2), 79, 99
Dietmar Mitschke, München
Seiten 2 (2), 66/67, 74, 83
Verkehrsamt Eppan
Seiten 2, 87, 102/103
Autorin
Seiten 2, 6, 9, 39, 70/71, 85, 90/91, 123
Titelfoto: Pete A. Eising, Unterföhring
Einklinker: Bildarchiv Leonore Ander,
München
Zeichnungen: Waltraud Berger
Seiten 21, 29, 105

Zu den Rezepten

Alle Rezepte sind, wenn nicht anders
vermerkt, für 4–5 Personen berechnet, und
jedes ist von Frau Perwanger persönlich
ausprobiert.

Abkürzungen

EL	Eßlöffel
TL	Teelöffel
g	Gramm
kg	Kilogramm
dl	Deziliter
l	Liter
1 l = 10 dl	

Zu diesem Buch

_____Es war mir nicht an der Wiege gesungen, daß ich einmal Köchin, Wirtin und Bäuerin werden sollte und später ein kleines Kochbuch veröffentlichen könnte. In Nürnberg anfangs dieses Jahrhunderts geboren, wohlbehütet als Arzttochter in einer Familie mit alter Tradition aufgewachsen, habe ich, wie es damals Brauch war, nach einer zehnjährigen Höheren Mädchenschule und einer einjährigen Haushaltungsschule meine Ausbildung abgeschlossen, um dann als Haustochter der Mutter zu helfen.

Mit 21 Jahren kam ich auf den Zirmerhof in Südtirol, einen Berggasthof mit Fremdenpension und großer Landwirtschaft, um mich im Haushalt zu vervollkommnen. Ich verheiratete mich nach zwei Jahren mit dem Sohn der Besitzerin, Josef Perwanger. Meine Schwiegermutter starb ein Jahr nach unserer Eheschließung, und ich mußte in jungen Jahren allein in Küche und Haus schalten und walten. Meine Kochkenntnisse waren für diesen Betrieb noch in den Kinderschuhen, doch mein Wahlspruch war: Ich kann es nicht, aber ich werde es lernen! Ein großes Kochbuch lag auf meinem Nachttisch, und so lernte ich nach und nach die Geheimnisse der Kochkunst. Ich bin also eine reine Autodidaktin.

Zunächst mußte ich die Zusammenstellung der Mahlzeiten vollkommen ändern. Meine Schwiegermutter kochte noch in einem Stil, der vor dem ersten Weltkrieg üblich war: sehr viel Fleisch, wenig Gemüse und Obst, sehr schwere, gehaltvolle Mehlspeisen, also Fett und Eiweiß im Überfluß. Nach dem ersten Weltkrieg schon war eine andere Auffassung der Ernährung zu erkennen. Auf die Harmonie der Zusammenstellung des Speisezettels kommt es an. Fette, Kohlenhydrate und Eiweiß müssen im richtigen Verhältnis zueinander stehen, auch dürfen vitaminreiche Speisen nicht vergessen werden. Das Zeichen der Vollkommenheit eines reichhaltigen Mahles ist, wenn man nach den Tafelfreuden das Gefühl hat, unbelastet, ja leicht und beschwingt zu sein.

Das war nun mein Bestreben. Es ist mir auch gelungen, denn die Zirmerhofküche ist weithin berühmt geworden. Zu meiner Freude ist meine Schwiegertochter in meine Fußstapfen getreten und führt in bester Weise fort, was ich begründet habe.

Dieses Büchlein habe ich 1967 auf Drängen vieler unserer Gäste geschrieben. Eine Neugestaltung ist nun erfolgt, vor allem wurden alle Rezepte überprüft und neue Rezepte sowie viele Bilder ergänzt. Ich hoffe, daß dieses neue Buch ebensoviel Anklang findet wie bisher.

Hanna Perwanger

Diese frühgotische Zirbelstube mit Tonnengewölbe (um 1490)
wurde vom alten Jagdhaus des Grafen Enn, das in Radein stand, in den Neubau
des »Berghofes« in Oberradein übertragen.

Inhalt

Diese so trefflichen Verse – siehe nebenstehend – unseres berühmten Südtiroler Altmeisters Karl Theodor Hoeniger geben ein ausgezeichnetes Bild der Bozner Wohlhäbigkeit, über die auch Goethe in seiner italienischen Reise bemerkt: »Bei heiterem Sonnenschein kam ich nach Bozen. Die vielen Kaufmannsgesichter freuten mich beisammen. Ein absichtliches, wohlbehagliches Dasein drückte sich recht lebhaft aus.«
Doch ich will nun von der 9. Bozner Seligkeit berichten und die wäre »gut Essen und Trinken«. In diesem herrlichen Land, das ein wahrer Garten Gottes ist, wächst ja auch alles, was Herz und Gaumen erfreut. Jedoch seinen ältesten Ruhmestitel verdankt Südtirol seinem Wein, den schon vor über 2000 Jahren der durch seine Unbestechlichkeit bekannte römische Senator Marcus Porcius Cato ganz besonders gelobt hat. Hoeniger schreibt in seinem hübschen Büchlein »Weinreise in Südtirol«:

Der Tiroler Landreim von 1558 verzeichnet dreizehn unserer Spitzenweine, darunter den Lagrein, der schon im Altertum bei den Griechen und Römern bekannt war. Außer dieser altehrwürdigen Rebe werden in den älteren Aufzeichnungen um 1320 die Gschlafenen (Rossara), später die Hennischen und 1525 die Vernatsch genannt, deren verschiedene Spielarten seitdem den Südtiroler Rotweinbau beherrschen. Erst in neuerer Zeit haben Blauburgunder (Rametz, Pinzon, Mazon) und von den Bordeauxsorten Cabernet und Merlot liebevolle Pflege gefunden, nebenbei auch Malvasier und Rosenmuskateller. Eine Sonderstellung nehmen die wegen ihres milden Geschmackes beliebten Lagrein und Merlot Kretzer ein. Von den weißen Sorten werden der Gewürztraminer und Weißterlaner schon seit altersher als Südtiroler Edelweine hoch geschätzt; ihnen ebenbürtig sind unsere Weißburgunder, Riesling, Ruländer, Silvaner, Sauvignon und die Überetscher Strahler.

Soweit berichtet uns K. Th. Hoeniger über diesen unerschöpflichen Reichtum an köstlichen Weinen. Doch in jedem Weinland wird auch auf eine schmackhafte, kultivierte Küche Wert gelegt. Die findet man in hohem Maße in Südtirol. Nord und Süd vereinigen sich bei uns. So entstand die glückliche Mischung: Vom Süden kam das Leichte, Natürliche der italienischen Küche, das Bodenständige der Tiroler Speisen bildet die Grundlage, und etwas Wiener Einschlag, besonders bei den Mehlspeisen, gibt noch das Tipfel auf dem i.

Diese Darstellung des Gedichtes machte Dr. Karl Theodor Hoeniger der Autorin zum Geschenk.

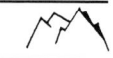

Die acht Bozner Seligkeiten.

So alt wie die Stadt und aus gutem Holz
Ist der Bozner Schlag und der Bozner Stolz;
Jedoch um ein r i c h t i g e r Bozner zu sein,
Genügt nicht nur der Heimatschein.
Dazu muss man seit alten Zeiten
Auch teilhaftig sein der acht Seligkeiten,
Durch die ein jeder, noch eh' er stirbt,
Bei uns hier den Himmel auf Erden erwirbt.
Als erste muss man unter den Lauben
Ein H a u s besitzen. Um eigene Trauben
Und eigenen Wein für den Hausgebrauch
Zu haben, muss man zweitens auch
In Gries oder in den Zwölfmalgrein
Mit einem H ö f l begütert sein.
Ganz unerlässlich ist zum dritten
Ein S o m m e r f r i s c h h a u s am luftigen Ritten
Und damit verbunden das Recht zum Tragen
Des weissen Mantels mit rotem Kragen.
Vor Gott und den Menschen sich richtig zu zeigen,
Sei viertens jedem ein K i r c h e n s t u h l eigen.
Dazu als Ergänzung im weltlichen Sinne
Hat fünftens man eine L o g e inne
Im Stadttheater. Und sintemal
Ein jeder dieses Jammertal
Verlassen muss zu seiner Zeit
Und nach der Bozner Seligkeit
Zur e w i g e n wird eingeladen,
Ist sechstens unter den Arkaden
Am Friedhof ein F a m i l i e n g r a b
Vonnöten, und zum siebenten hab'
Man — dieser Punkt ist weniger klar —
Nur einmal jedes halbe Jahr
Die W ä s c h e, weil man, Gott sei Dank,
Sie reichlich hat in Truh' und Schrank.
Als achte verlangen die einen genau,
Man müsse verwandt sein mit der Frau
Von Zallinger oder — wofür ich bin —
Verheiratet mit einer B o z n e r i n;
Denn dieses war zu jeder Zeit
Die h ö c h s t e Bozner Seligkeit.

K. Th. Hoeniger   *J. K. Kranichn*   gez. von Albert Stolz

Beschauliches Leben im Eisacktal

Suppen

»Die Suppe ist eine gesunde, leichte und nahrhafte Speise, die aller Welt zusagt. Sie tut dem Magen wohl und setzt ihn zur Speiseaufnahme und Verdauung in Stand.«
Das sagt Brillat-Savarin, einer der größten, französischen Feinschmecker in seiner Physiologie des Geschmackes.
In unserer Zeit wird das Suppenkochen sehr vernachlässigt. Der Hauptgrund ist die Angst der Damenwelt, daß die Suppe der schlanken Linie schade. Ich glaube ja, daß das Essen von Mehlspeisen nach einem reichlichen Mahle das Übergewicht weit mehr fördert. Auch wird durch die Suppe das Flüssigkeitsbedürfnis des Körpers befriedigt und das viele Trinken beim Essen herabgesetzt.

Milzschnittensuppe
Südtiroler Hochzeitssuppe

Etwas Zwiebel, etwas Petersilie,
30 g Butter, 1 Ei, 50 g Rindsmilz,
Salz, Pfeffer, 1 Prise Muskatnuß,
2 alte Semmeln, Backfett,
1 l Rindssuppe, Schnittlauch

Feingehackte Zwiebel und Petersilie
in Fett anrösten, nach dem Erkalten zu
der schaumig gerührten Butter mengen, die man außerdem noch mit Ei,
geschabter Milz, Salz, Pfeffer und
Muskatnuß vermischt. Das Gemenge
½ cm dick auf dünne Semmelschnit-
ten streichen und sie schwimmend auf
beiden Seiten backen, die bestrichene
Seite zuerst ins heiße Fett legen. In ko-
chendheißer Rindssuppe mit Schnittlauch servieren.

Käseschöberlsuppe

50 g Butter, 2 Eier, getrennt,
1 Prise Muskatnuß, etwas Salz,
1 gehäufter EL geriebener Parmesan,
2 EL gesiebtes Mehl, 1 EL Rahm,
1 l Rindssuppe

Die Butter schaumig rühren. Nach und
nach die Eigelb, Muskatnuß und Salz
hinzufügen. Eiweiß zu Schnee schlagen und zusammen mit dem Käse,
Mehl und Rahm unterziehen. Die
Masse fingerdick auf ein befettetes
Blech streichen und bei mittlerer Hitze
backen, bis sie schön goldbraun ist.
Noch warm in kleine Rauten schneiden. Beim Anrichten in die heiße
Fleischsuppe geben.

Schinkenschöberlsuppe

70 g Butter, 3 Eigelb,
3 Semmeln, ⅛ l Milch,
100 g Schinken, Salz,
3 Eiweiß,
1 l Rindssuppe

Die schaumig gerührte Butter mit den
Eigelb verrühren. Die entrindeten, in
der Milch eingeweichten und gut ausgedrückten Semmeln dazugeben.
Dann den gehackten Schinken, etwas
Salz und die zu steifem Schnee geschlagenen Eiweiß unterziehen. Die
Masse in einer gut befetteten, mit etwas Mehl ausgestaubten Tortenform
bei mittlerer Hitze ungefähr ½ Stunde
goldbraun backen. Gleichmäßige
Würfel schneiden und zur heißen
Rindssuppe reichen.

Klare Kalbskopfsuppe

1 l Rindssuppe, 2 EL Madeira,
Cayennepfeffer, 500 g Kalbskopf,
Petersilie, Majoran, Thymian,
Lorbeerblatt, Pfefferkörner,
½ Zwiebel, 50 g Champignons,
Fett zum Abrösten
der Champignons

Die Rindssuppe mit Madeira und
Cayennepfeffer abschmecken. Die
fleischigen Teile des Kalbskopfes in
Salzwasser unter Beigabe von Petersilie, Majoran, Thymian, Lorbeerblatt,
Pfefferkörnern und Zwiebel weich kochen. In kleine Würfel schneiden und
mit den abgerösteten Champignons
in die abgeschmeckte Suppe geben.

Leberreissuppe

80 g Leber und Milz, 1 Semmel,
etwas Milch,
etwas Zwiebel und Petersilie,
etwas Fett, 1 Ei, Salz, Pfeffer,
Majoran, 30 g Semmelbrösel,
1 l Rindssuppe

Leber und Milz zerkleinern, mit der in Milch eingeweichten, ausgedrückten Semmel durch den Fleischwolf geben. Zwiebel und Petersilie in Fett rösten. Zusammen mit Ei, Salz, Pfeffer und Majoran unter das Passierte mengen und zuletzt die Brösel daruntermischen. Das Gemenge durch ein umgekehrtes, angefeuchtetes Reibeisen in die siedende Suppe drücken. Einmal aufkochen und dann einige Minuten ziehen lassen.

Frittatensuppe
Pfannkuchensuppe

¼ l Milch,
120 g Mehl, 1 Ei,
Salz, Backfett,
1 l Rindssuppe

Kalte Milch und Mehl glatt rühren, Ei und Salz daruntergeben. In einer Pfanne so viel Fett erhitzen, daß die Pfanne nur gut befettet ist. Mit einer Schöpfkelle etwas von dem Teig in die Pfanne geben und ganz dünne Frittaten (Pfannkuchen) auf beiden Seiten goldbraun backen. Die Frittaten zusammenrollen, in dünne Nudeln (2 mm breit) schneiden und als Einlage in die heiße Suppe geben.

Parmesanreissuppe

40 g Butter, 1 Ei, 50 g geriebener
Parmesan, 30 g Semmelbrösel, Salz,
1 l Rindssuppe

Die Butter schaumig rühren, nach und nach das Ei, den Parmesan, die Brösel und das Salz dazugeben. Die Masse durch ein angefeuchtetes, umgekehrtes Reibeisen in die abgeseihte, siedende Rindssuppe drücken. Höchstens 2 Minuten kochen lassen.

Tropfteigerbsensuppe

1 Ei, 2 EL Milch, Salz, 40 g Mehl,
Backfett, 1 l Rindssuppe

Einen Teig aus Ei, Milch, Salz und Mehl herstellen. Langsam durch ein Reibeisen oder einen Spatzenseiher in heißes Fett eintropfen lassen, darin braun backen und auf Küchenpapier abtrocknen. In die heiße Suppe geben.

Grießreissuppe

50 g Butter, 1 Ei, Salz, Schnittlauch
oder Petersilie, 100 g Grieß,
1 l Rindssuppe

Die Butter schaumig rühren. Das Ei, Salz, Schnittlauch oder Petersilie zufügen und zuletzt den Grieß unterrühren. Die Masse ½ Stunde stehen lassen. Durch ein umgekehrtes, angefeuchtetes Reibeisen in die kochende Rindssuppe drücken. 2 Minuten kochen lassen.

Grießnockerlsuppe

Foto

Für 10–12 Nockerl
½ Eischwer Butter,
Salz, 1 Ei,
1 Eischwer Grieß
(wenn das Ei 60 g wiegt,
also 60 g Grieß und 30 g Butter
nehmen),
1 l Rindssuppe

Die Butter schaumig rühren, salzen. Ei und Grieß zufügen und zu einem gleichmäßigen Teig verrühren. Mit einem Kaffeelöffel, den man öfters in kaltes Wasser taucht, 10–12 Nockerln abstechen, in kochendes Salzwasser geben. 15 Minuten leise kochen und noch 10 Minuten ziehen lassen. Beim Anrichten vorsichtig in die heiße Fleischsuppe geben.

Käsesuppe

100 g Butter, 80 g Mehl,
1 l Fleischbrühe oder
Wasser, Salz,
80 g geriebener Parmesan,
50 g kleine, weichgekochte
Makkaroni, Muskat,
1 Stückchen Butter, 1 Eigelb,
2 EL Rahm, Schnittlauch

Aus Butter und Mehl eine helle Einbrenne herstellen, mit Fleischbrühe oder Wasser aufgießen, salzen und gut durchkochen lassen. Dann den Parmesan und die Makkaroni hineingeben, mit Muskat würzen und alles nur noch ziehen lassen (Parmesan soll nicht kochen). Vor dem Anrichten ein Stückchen frische Butter hineingeben und mit Eigelb und Rahm legieren. Schnittlauch beim Servieren daraufstreuen.

Kräutersuppe

100 g Kräuter (wie Sauerampfer,
Majoran, Basilikum, Thymian,
Kerbelkraut, Petersilie usw.),
3 EL feingehackte Zwiebeln,
2 EL Öl, 3 EL Butter,
3 EL Mehl, 1 l Wasser,
Salz, Pfeffer,
⅛ l saurer Rahm,
1 TL Zitronensaft, 1 Semmel,
1 EL Butter

Die Kräuter putzen, waschen und fein wiegen. Zunächst die Zwiebeln in Öl anrösten, die Kräuter mitdämpfen. Aus Butter und Mehl eine helle Einbrenne herstellen, mit Wasser aufgießen und die Kräuter beifügen. Mit Salz, Pfeffer, saurem Rahm und Zitronensaft abschmecken. Die Semmel in Würfel schneiden, in Butter rösten und zu der Suppe servieren.

Gulaschsuppe

Für 8 Personen
60 g Fett, 200 g Zwiebeln,
500 g Rindfleisch,
1 EL Paprika, Salz,
etwas Kümmel,
50 g Tomatenmark,
2 EL Essig, Thymian,
1 Lorbeerblatt, 1 Knoblauchzehe,
Majoran, 50 g Mehl,
2½ l Wasser oder Brühe,
200 g Kartoffeln

In heißem Fett die kleingeschnittenen Zwiebeln goldgelb rösten (nicht zu dunkel). Das in kleine Würfel geschnittene Fleisch, Paprika, Salz, Kümmel und Tomatenmark dazugeben und alles gut durchrösten lassen. Mit Essig und etwas Wasser aufgießen, die anderen Gewürze zugeben und das Fleisch auf kleinem Feuer zugedeckt weich schmoren. Dann mit Mehl bestäuben, mit Flüssigkeit aufgießen und gut durchkochen. Die Kartoffeln schälen, würflig schneiden, in Salzwasser weich kochen und als Einlage in die fertige Suppe geben.
Gulaschsuppe ist ein vorzüglicher Mitternachtsimbiß für Gäste; sie sollte dann aber noch pikanter abgeschmeckt werden, eventuell mit Worcestersauce und Madeira.

Jägersuppe

*350 g Pilze (besonders gut sind
Morcheln, die es bei uns im Frühjahr
auf den Höhen gibt), 1 Zwiebel,
1 EL Öl, 60 g Speckwürfel, 40 g Mehl,
1 l Fleischsuppe, ⅛ l Rahm, Salz,
Pfeffer, Petersilie*

Kleingeschnittene, gewaschene Pilze
und gehackte Zwiebel in Öl und
Speckwürfeln anrösten. Mit Mehl bestäuben, mit Fleischsuppe auffüllen
und zum Kochen bringen. Bei schwacher Hitze kochen lassen, bis die Pilze
weich sind. Rahm dazugeben, abschmecken und, mit gehackter Petersilie bestreut, anrichten.

Südtiroler Hirnsuppe

*Etwas Lauch, gelbe Rüben,
Sellerie, Kopfsalat,
2 EL Butter, 1 l Fleischbrühe,
200 g Kalbshirn, 1 Tasse Fleischbrühe,
⅛ l Weißwein,
3 Eigelb, ⅛ l Rahm, Salz*

Das feingehackte Gemüse in Butter
andünsten, mit Fleischbrühe aufgießen und kochen lassen. Das enthäute-
te Hirn in der Tasse Fleischbrühe und
Weißwein kochen, dann durch ein feines Sieb in die Suppe passieren, aufkochen lassen. Die Eigelb, Rahm, Salz
und einen Schuß Weißwein in einer
gut emaillierten Kasserolle mit Hirn-
suppe auf kleiner Hitze schlagen, bis
die Suppe cremig wird.
Vorzüglich für Kranke und Rekonva-
leszenten.

Gemüsesuppe

*750 g Gemüse (Sellerie, Lauch,
gelbe Rüben, Wirsing, Kohlrabi),
Zwiebel, Petersilienwurzel,
2 Kartoffeln, 1 Knoblauchzehe,
100 g geräucherter Speck,
2 EL Öl, 1 l Rindssuppe oder Wasser,
Pfeffer, Muskatnuß,
Lorbeerblatt, Basilikum,
1 Stück Butter,
100 g geriebener Parmesan,
weitere Zutaten nach Belieben
(z. B. Nudeln, weiße Bohnen)*

Das Gemüse und die Beigaben in feine Streifen schneiden, den Speck in
kleine Würfel. Alles in Öl anrösten
und mit heißer Rindssuppe oder Wasser aufgießen. Die anderen Ge-
schmackszutaten dazugeben und bei
kleiner Hitze 1½ Stunden köcheln lassen. Vor dem Anrichten ein Stück Butter hineingeben und, mit Parmesan
bestreut, servieren.
Weichgekochte Nudeln oder gekochte weiße Bohnen können zusätzlich in
die Suppe gegeben werden.

Tomatensuppe

*1 kg reife Tomaten, 250 g Zwiebeln,
2 Knoblauchzehen, 1 Lorbeerblatt,
1 TL Thymian, etwas Basilikum,
3 EL Öl, 1 l Rindssuppe oder Wasser,
1 EL Stärkemehl, Salz, Zucker, Pfeffer,
2 EL Rahm*

Die kleingeschnittenen Tomaten mit
den feingehackten Zwiebeln, Knoblauch, Lorbeerblatt, Thymian und Ba-

silikum in dem Öl dünsten. Durch ein Sieb passieren, mit Suppe oder Wasser aufgießen und mit dem Stärkemehl, das mit etwas kaltem Wasser angerührt wird, binden. Mit Salz, Zukker und Pfeffer abschmecken, fertigkochen und zuletzt den Rahm unterziehen.

Brotsuppe Foto Seite 18/19

120 g altes Schwarzbrot,
je 1 EL gewiegte Zwiebeln und
Petersilie, 2 EL Mehl, 1 l Wasser,
Salz, Pfeffer, 1 Eigelb, 1 EL Rahm,
1 Paar Frankfurter Würstchen

Das Brot feinwürflig schneiden und gut mit Zwiebeln und Petersilie anrösten. Mehl daraufstäuben und sobald alles hellbraun ist, mit Wasser aufgießen. So lange kochen, bis das Brot völlig verkocht ist. Alles durch ein Sieb passieren. Mit Salz und Pfeffer abschmecken. Mit Eigelb und Rahm legieren. Die gekochten, in Scheiben geschnittenen Würstchen in die Suppe geben.

Gerstensuppe Foto Seite 18/19

Bei den Südtiroler Bauern ist sie die am weitesten verbreitete Suppe, da die Gerste bis auf Höhen von 1700 m wächst. Unsere Knechte bekamen bis vor einigen Jahren jeden Abend Gerscht (Gerstensuppe) und Muas (Mus). Das Muas wurde in einer riesigen Pfanne gekocht aus Milch, Salz und Maismehl. Abgekühlt wurde es

dann dick mit brauner Butter übergossen. Alle aßen aus einer Pfanne. Zuerst aß man das Muas und dann erst die Gerscht.

60 g Rollgerste, 1½ l Wasser,
ein Stück Selchfleisch und
Schwarten vom geräucherten Speck,
1 EL feingewiegte Zwiebeln,
2 gelbe Rüben, etwas Sellerie,
2 Kartoffeln, 1 EL Mehl,
Salz, 2 EL Rahm

Die Gerste mit Wasser, Selchfleisch und Speckschwarten aufsetzen und langsam 2–2½ Stunden kochen lassen. ½ Stunde vor dem Anrichten das feinnudelig geschnittene Gemüse und die kleingewürfelten Kartoffeln hineingeben und weiterkochen. ¼ Stunde vor dem Auftragen das Mehl mit etwas kaltem Wasser verrühren und in die heiße Suppe geben, kurz aufkochen lassen. Zuletzt mit Salz, Rahm abschmecken.

Terlaner Weinsuppe Foto Seite 18/19

½ l starke Fleischbrühe,
¼ l Weißwein (Terlaner), 4 Eigelb,
¼ l Rahm, etwas Zimt, etwas Salz,
1 EL Butter, 1 alte Semmel, Zimt

Fleischbrühe, Weißwein, Eigelb, frischen Rahm, Zimt und Salz in einer gut emaillierten Kasserolle auf kleiner Hitze schlagen, bis alles cremig ist. Dazu reicht man in Butter geröstete, kleine Brotwürfel, die üppig mit Zimt bestreut werden.

Saure Suppe
Auch Trippa genannt

Diese Suppe ist – besonders bei uns auf dem Lande – sehr beliebt im Winter nach dem Schlachten.

400 g weichgekochter Rinder- oder Schweinemagen (Kutteln), 2 Zwiebeln, 3 EL Öl, 2 EL Mehl, 1½ l Wasser oder Fleischsuppe, Piment (heißt in Südtirol Neugewürz), Salz, Pfeffer, 2 feingeriebene Knoblauchzehen, etwas abgeriebene Zitronenschale, Lorbeerblatt, etwas Essig

Den Rinder- oder Schweinemagen in feine Streifen schneiden und mit den gewiegten Zwiebeln in Öl anrösten. Dann das Mehl daraufstäuben, noch weiterrösten und dann mit Wasser oder Fleischsuppe aufgießen. Die Gewürze dazugeben und langsam ½ Stunde kochen lassen. Zuletzt mit Essig abschmecken.

Saure Suppe auf Bozner Art

400 g weichgekochter Gläserling (besonderer Teil des Rindermagens), 1 Zwiebel, 3 EL Öl, 3 EL Mehl, 1½ l beste Fleischsuppe, Lorbeerblatt, Majoran, abgeriebene Zitronenschale, Pfeffer, Salz, 1 Stück Parmesanrinde, Saft von 1 Zitrone, ⅛ l Weißwein, 100 g geriebener Parmesan

Den Gläserling in feine Streifen schneiden und mit der gewiegten Zwiebel in Öl anrösten. Dann das Mehl daraufstäuben, noch weiterrösten und mit der Fleischsuppe aufgießen. Die Gewürze dazugeben und langsam ½ Stunde kochen; die Parmesanrinde mitkochen lassen (beim Anrichten entfernen). Zuletzt mit Zitronensaft und Weißwein abschmecken und beim Anrichten den Parmesan dazugeben.

Südtirol mit seinen 8 Bezirken

Wipptal

Pustertal

Bruneck

Schluderns

Meran

Brixen

Vinschgau

Eisacktal

Meran und das
Burggrafenamt

Salten/Schlern

Bozen

Südtiroler Weinstraße
mit Unterland

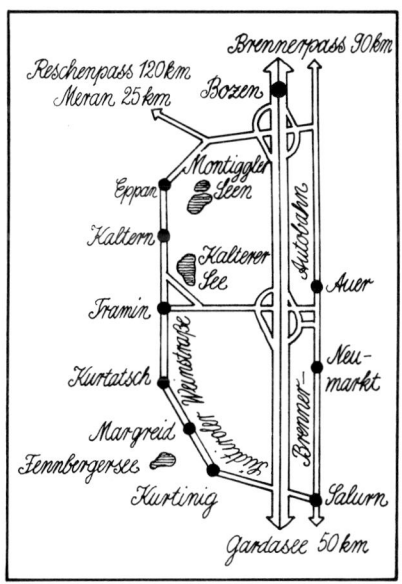

Brennerpass 90 km

Reschenpass 120 km
Meran 25 km

Bozen

Montiggler
Seen

Eppan

Kaltern

Kalterer
See

Tramin

Auer

Autobahn

Weinstraße

Neu-
markt

Kurtatsch

Margreid

Fennbergersee

Kurtinig

Brenner

Weinstr.

Salurn

Gardasee 50 km

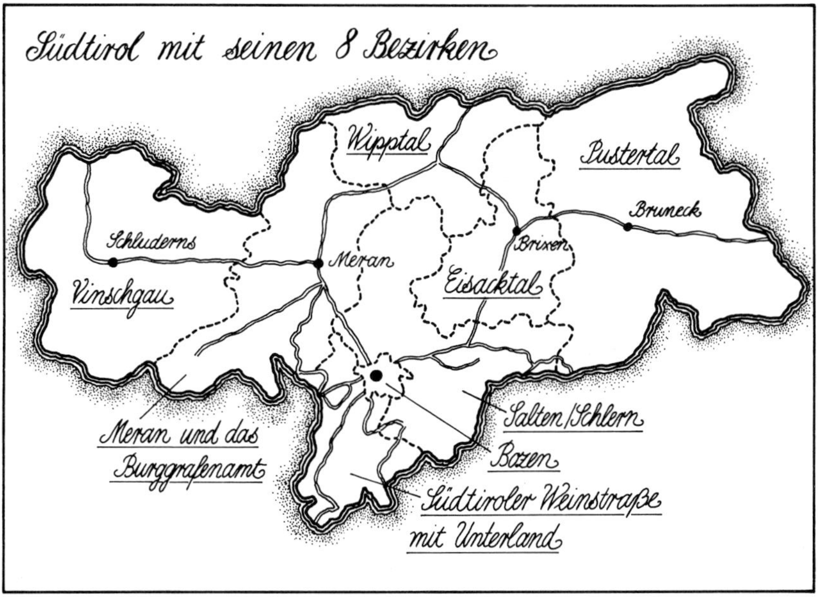

Südtirol in Zahlen

Größe	7400 km² (740 000 ha)
Einwohner	430 000
davon	285 500 Deutsche
	126 500 Italiener
	18 000 Ladiner

Landwirtschaftliche Nutzfläche	275 654 ha
davon	5500 ha Weinbaufläche
	16 000 ha Obstbaufläche

Forstwirtschaftliche Nutzfläche	292 300 ha
Obstproduktion p. a.	50 000 Waggon
	(1 Waggon = 10 000 kg
	pro ha = 2,5–3 Waggon)

◁ Südtiroler Weinstraße

Knödeln, Nudeln, Nocken, Plenten sein die vier Tiroler Elementen

So heißt ein alter Tiroler Bauernspruch. Tatsächlich sind diese vier Gerichte in ihren verschiedenen Variationen die Grundlage der Tiroler Küche. Die Kartoffel hat sich nur sehr langsam in unserem Lande eingebürgert. Der Maler Ernst Loesch, ein gro-

Die Knödelesserin, Teil des Freskos (um 1131) aus der Burgkapelle in Hocheppan.

ßer Kenner und Freund Südtirols, schreibt in seinem reizenden Büchlein »Südtiroler Erinnerungen«:

Ich kann nicht anders, ich muß dem Knödel ein Loblied singen, selbst auf die Gefahr hin, für einen Genießer gehalten zu werden. Wer von Tirol erzählt und spricht nicht von diesem Leibgericht, der verschweigt etwas, wofür der Tiroler eine Art Heimatliebe empfindet. ›Die guten Knödel und die nutzen Gitschen (tüchtigen Mädchen) stiahn allm (stehen immer) von selber auf‹, sagt das Sprichwort.

Sind die Knödel fertig, so müssen sie gleich gegessen werden. Wehe dem Gast, der die Köchin warten läßt. Nach altem Brauch ißt man den ersten Knödel in der Suppe, den zweiten mit Kraut, den dritten mit Ingemachten (eingemachtem Fleisch), den vierten mit Solet (Salat). Wer dann noch Mut und Kraft hat, mag wieder von vorne anfangen. Es gibt auch auf diesem Gebiet Virtuosen.

Die erste bildliche Darstellung des Tiroler Knödelkochens finden wir in der Kapelle der Burg Hocheppan. Um 1131 wurden die Fresken gemalt. Neben dem Lager Mariae kocht eine Magd in einem Tiegel Knödel, von denen sie gerade einen zur Probe in den Mund steckt. Der Maler dieser Fresken steht in der italienisch-byzantinischen Tradition, mag auch manchmal solch volkstümlicher Zug seinen biederen Tiroler Charakter verraten.

Knödel

Leberknödel

Für 10 Knödel
5 alte Semmeln,
½ mittelgroße Zwiebel,
Petersilie, 200 g Rindsleber,
100 g Kernfett (Nierenfett),
1 Knoblauchzehe, Pfeffer, Salz,
Majoran, Piment, 1 Ei, ⅛ l Milch,
etwas feingeriebene Zitronenschale,
2 EL Mehl

Die Semmeln sehr fein aufschneiden,
mit Zwiebeln und Petersilie anrösten
und in eine Schüssel geben. Leber,
Kernfett und Knoblauch durch den
Fleischwolf drehen. Pfeffer, Salz, Majoran, Piment, Ei, Milch und Zitronenschale unter die passierte Masse geben, die Semmelmischung und das
Mehl untermengen. Die Masse darf
nicht fest sein. Die Knödel in kochendes Salzwasser einlegen und 20 Minuten ziehen lassen.
Dazu gibt es Sauerkraut, auf dem die
Leberknödel angerichtet werden.

Serviettenknödel

5 alte Semmeln, Salz,
Pfeffer, Muskat,
2 gehäufte EL Mehl,
½ l Milch, 2 Eier,
80–100 g Butter oder Margarine,
150 g Selchfleisch, Petersilie,
50 g Semmelbrösel, 1 Zwiebel,
80 g Butter

Die Semmeln in kleine Würfel schneiden. Mit Salz, Pfeffer, Muskat und
dem Mehl vermischen und mit der
Milch, die mit 1 Ei verquirlt wird, übergießen. Während die Semmelmasse
etwas ziehen muß, die Butter oder
Margarine schaumig rühren, das zweite Ei daruntergeben, mit dem gewiegten Selchfleisch vermischen und zur
Semmelmasse geben. Zum Schluß
noch die feingewiegte Petersilie und
die Semmelbrösel hinzufügen. Aus
der Masse eine Wurst formen, in eine
nasse, saubere Serviette wickeln, an
beiden Enden zubinden und in siedendem Salzwasser ¾ Stunden lang
kochen. Beim Anrichten den Serviettenknödel in fingerdicke Scheiben
schneiden, auf einer Platte anrichten
und mit Zwiebelringen, die in viel Butter abgebräunt wurden, belegen.
Dazu schmeckt ausgezeichnet eine
würzige Tomatensauce. Man kann
den Serviettenknödel auch zu Pilzsau-
cen oder Fleisch mit viel Bratensauce
geben.

Schwarzplentene Knödel
Schwarzplent = Buchweizen

Für 8 Knödel
8 gehäufte EL Weißbrotwürfel,
2 EL Butter,
4 EL in Würfel
geschnittener Speck,
viel Schnittlauch und Petersilie,
2 Eier,
12 EL Schwarzplentenmehl,
2 EL Weizenmehl,
1½ Tassen Wasser,
Salz

Die Brotwürfel in Butter rösten. Den Speck ebenfalls leicht anrösten und zum Brot geben. Dann das geschnittene Grünzeug, die Eier, Mehl, Wasser und Salz dazugeben und einen nicht zu festen (!) Teig herstellen. Knödel formen, in siedendes Salzwasser einlegen und in 15–20 Minuten garziehen lassen.
Sehr gut schmeckt Gulasch oder Sauerkraut dazu.

Grießknödel

Für 10–12 Knödel
250 g Grieß, 1 l Milch, Salz,
2 große Eier,
2 EL geriebener Parmesan

Grieß in der gesalzenen Milch zu einem dicken Brei kochen. Vom Feuer nehmen und schnell die Eier und den Parmesan darunterrühren, auskühlen lassen. Nicht zu große Knödel formen und 5 Minuten in Salzwasser vorsichtig kochen.
Grießknödel passen gut zu eingemachtem Kalbfleisch, Gulasch, Pilzen und Gemüse.

Käseknödel

Für 8–10 Knödel
250 g altes Weißbrot,
4 Eier, ⅛ l Milch,
1 Zwiebel, 100 g Butter,
100 g Käse (man kann gut
Käsereste verwenden),
60 g Mehl, Muskatnuß,
Salz

Das Brot in feine Scheibchen schneiden. Eier mit Milch verquirlen und über das Knödelbrot geben. Die feingeschnittene Zwiebel in Butter schwitzen. Käse in feine Würfel schneiden, dann alles zusammen mit dem Mehl unter das Knödelbrot geben und gut vermischen, mit Muskat und wenig Salz würzen. Knödel formen, in kochendes Salzwasser einlegen und 15 Minuten darin leise kochen lassen.

Tiroler Speckknödel I

Für 8–10 Knödel
5–6 alte Semmeln,
200 g braune Butter,
1 Glas Milch,
3 Eier,
etwas Salz,
400 g durchwachsener Speck,
1 EL Mehl

Die Semmeln in kleine Würfel schneiden, mit brauner Butter übergießen und gut verrühren. Milch mit den Eiern und Salz verschlagen und über die geschnittenen Semmeln geben. Einmal umrühren und 15 Minuten ziehen lassen. Den Speck in kleine Würfel schneiden, in einer Pfanne kurz anrösten und mit dem ausgelassenen Speckfett zur Semmelmasse geben. Das Mehl hinzufügen und alles gut verrühren. Die Knödel formen, in kochendes Salzwasser geben und 15 Minuten darin ziehen lassen.
Die Knödel werden oft als Einlage in Fleischsuppe serviert oder auch gern als Beilage zu Wild und Schmorbraten gereicht.

Tiroler Speckknödel II

Für 12 Knödel
500 g altes Weißbrot,
100 g Bauernspeck,
100 g Schinken,
2 EL Butter,
Petersilie,
Salz, Pfeffer,
2–3 Eier,
½ l Milch,
2 EL Mehl

Das Brot in kleine Würfel schneiden. Speck und Schinken ebenso in Würfel schneiden und in einer Pfanne mit Butter abrösten. Petersilie, Salz und Pfeffer hinzufügen und alles über das Brot geben. Eier und Milch tüchtig verrühren und über das Brot gießen. Zum Schluß das Mehl hinzufügen und alles gut vermischen. Das Ganze ¼ Stunde stehen lassen. Nicht zu große Knödel formen, in kochendes Salzwasser einlegen und 15 Minuten ziehen lassen.

Die Semmeln kleinwürflig schneiden, die Eier mit einem Teil der Milch und dem Rahm verquirlen, über das aufgeschnittene Brot schütten und alles 1 Stunde durchziehen lassen. Dann den würflig geschnittenen Speck bzw. Wurst dazugeben, ebenso die in Butter angerösteten Zwiebeln, die gehackte Petersilie, das Mehl, Salz und nach Bedarf noch Milch. Alles zu einer nicht zu weichen Masse vermengen. Knödel formen, in kochendes Salzwasser einlegen und 10–15 Minuten ziehen lassen.

Tiroler Fastenknödel

Für 15 Knödel
10 alte Semmeln,
2 EL Butter, Petersilie,
4 Eier, 2 Tassen Milch,
1 Zwiebel, 2 EL Semmelbrösel,
1 EL Mehl, Salz

Die Semmeln in kleine Würfel schneiden und in der heißen Butter mit der Petersilie leicht durchrösten. Die Eier mit Milch verquirlen, über die Semmeln gießen und ½ Stunde stehen lassen. Die feingehackte Zwiebel anrösten und mit den Semmelbröseln, Mehl und Salz zur Masse geben, alles gut vermischen. Mit nassen Händen erst einen Probeknödel formen und in kochendes Salzwasser legen. Sollte er zu weich sein, noch etwas Semmelbrösel hinzufügen. Die Knödel bei kleiner Hitze 15–20 Minuten ziehen lassen.

Man gibt sie zu Kalbsbraten, Gulasch, Pilzsauce oder Tomatensauce.

Tiroler Speckknödel III   Foto

Für 10 Knödel
5 alte Semmeln,
3 Eier,
¼ l Milch, 2 EL Rahm,
100 g geräucherter Speck
oder Wurst,
2 EL Butter,
1 EL gehackte Zwiebel,
etwas Petersilie,
etwa 2 EL Mehl, Salz

Zwetschgenknödel

Für 30 Knödel
*Kartoffelteig: 1 kg frisch gekochte
Kartoffeln, 250 g Mehl, 60 g Butter,
30 g Grieß, 2 Eier, Salz*

*1 kg Zwetschgen, 150 g Butter,
100 g Semmelbrösel, Zucker*

Die passierten Kartoffeln auf dem
Brett noch warm mit Mehl, Butter,
Grieß, Eiern und Salz zu einem glatten
Teig verarbeiten. Diesen zu einer Rolle formen, davon dünne Scheiben
schneiden. In jede Scheibe eine
Zwetschge einhüllen. Dabei darauf
achten, daß die Zwetschge ganz vom
Teig umgeben wird, dieser aber doch
möglichst dünn ist. Die Knödel in
ganz leicht gesalzenes, siedendes
Wasser einlegen und 5 Minuten ziehen lassen. Die Butter erhitzen, die
Semmelbrösel darin anrösten und die
Knödel darin wälzen. Vor dem Auftragen noch überzuckern.

Topfenknödel

Für 12 Knödel
*3 alte Semmeln, 1 EL Butter,
100 g Topfen (Quark), 1 Ei,
4 EL saurer Rahm, 30 g Mehl,
30 g Grieß, 3 EL Sultaninen,
1 Päckchen Vanillinzucker,
abgeriebene Zitronenschale,
1 EL Semmelbrösel,
1 EL Butter, Zucker*

Von den Semmeln die Kruste abreiben, anschließend in kleine Würfel

schneiden. Butter, Topfen, Ei, Rahm,
Mehl, Grieß, Sultaninen und Vanillinzucker zu einer weichen Masse verrühren. Die Brotwürfel und Zitronenschale daruntermischen, ½ Stunde
stehen lassen. Dann kleine Knödel formen, in kochendes, leicht gesalzenes
Wasser legen und 10–12 Minuten ziehen lassen. Die Semmelbrösel in der
Butter bräunen. Die Knödel beim Anrichten damit überziehen und mit
Zucker bestreuen.
Zwetschgenkompott oder Preiselbeeren dazu geben.

Variation
Man kann die Sultaninen und den
Vanillinzucker weglassen, die Masse
etwas salzen und dazu eine Tomatensauce und Salat reichen.

Kartäuser Klöße

*6 altbackene Semmeln,
½ l Milch,
1 Prise Salz,
3 Eier,
Semmelbrösel, Backfett,
Zucker und Zimt zum Bestreuen*

Die Semmeln mit dem Reibeisen von
der Rinde befreien und in die mit
Milch und Salz verquirlten Eier tauchen, bis sie gut durchgefeuchtet
sind. Zum Abtropfen auf ein Sieb legen. In 4 Portionen aufteilen. Noch ein
wenig ausdrücken, in Semmelbröseln
wälzen und in heißem Fett schwimmend hellbraun ausbacken. Noch
warm mit Zucker und Zimt bestreuen.
Dazu reicht man Glühwein.

Ach, Himml, es ist verspielt, ich kann nicht länger le ben! Der Tod steht vor der Tür, will mir den Abschied geben. Meine Lebens zeit ist aus, ich muß aus diesem Haus! Meine Lebenszeit ist aus, ich muß aus diesem Haus!

Ach, Himml, es ist verspielt,
ich kann nicht länger leben!
Der Tod steht vor der Tür,
will mir den Abschied geben.
:,: Meine Lebenszeit ist aus,
ich muß aus diesem Haus! :,:

Hier liegt mein Sabl und Gwehr
und alle meine Kleider:
Ich bin kein Kriegsmann mehr,
ach, Himmel, ich bin ein Leider.
:,: Ich bin verlassen ganz
vom römischen Kaiser Franz :,:

Die großen Herrn im Land,
die sind mit mir verfahren,
sie bringens noch so weit,
bis man mich tut begraben.
:,: Tilgt Haß und Ketzerei
und bringt den Sandwirt frei! :,:

Die Hauptstadt von Tirol,
die habn sie mir genummen,
es ischt kein Mittel mehr,

sie wiedrum zu bekummen.
:,: Es ischt kein Mittel mehr,
wenns nit kummt von oben her :,:

Mich, General vom Sand,
den führn sie jatz gefangen,
mein hartn, bluatgn Schweiß,
haben sie nit angenommen.
:,: Sie führn mich aus dem Land
mit größtem Spott und Schand. :,:

O trauervolle Zeit,
was soll daraus noch werden!
Der Masson ist schon hier,
erschossen muß ich werden;
:,: es ist schon lang bekannt
im römischen Kaiserland. :,:

O, große Himmelsfrau,
zu dir hab ich vertrauet,
weil du in unserm Land
dein' Wohnung hast gebauet.
:,: O, liebe Frau, i bitt:
Valaß den Sandwirt nit! :,:

Marillenknödel

Foto

Für 25 Knödel
*Kartoffelteig wie bei den
Zwetschgenknödeln, 1½ kg Marillen
(Aprikosen), 80 g Würfelzucker,
160 g Semmelbrösel, 150 g Butter*

Marillenknödel werden genauso hergestellt wie Zwetschgenknödel. Nur
werden statt der Zwetschgen kleine
Marillen in den Teig eingerollt. Der
Kern der Marillen wird vorher entfernt
und durch ein oder zwei Stücke Würfelzucker ersetzt.

Nudeln

Hausnudeln

400 g Mehl, 2 Eier, Salz,
1 Tasse Wasser, 80 g Butter

Aus Mehl, Eiern, etwas Salz und Wasser auf dem Brett einen festen Teig gut abkneten, zu 2 Laibchen formen, diese zu runden Flecken auswalken und etwas trocknen lassen. Dann ½ cm breite Nudeln abschneiden, 10 Minuten in Salzwasser kochen, abseihen, mit kaltem Wasser abschrecken und in heißer Butter schwenken.

Schinkenfleckerl

Nudelteig: 200 g Mehl,
1 Ei, Salz,
½ Tasse Wasser

Fleischmasse: 100 g Butter,
3 Eigelb,
1 ganzes Ei,
Salz,
250 g Selchfleisch oder Schinken,
¼ l saurer Rahm,
3 Eiweiß

Butter und Semmelbrösel für die Form

Aus dem ausgerollten Nudelteig (siehe Hausnudeln) kleine Quadrate schneiden, 10 Minuten in Salzwasser kochen, abseihen, abschrecken. Die schaumig gerührte Butter mit Eigelb, Ei, Salz, feingehacktem Selchfleisch oder Schinken, saurem Rahm, den gekochten Fleckerln und den zu festem Schnee geschlagenen Eiweiß vermischen. Die Masse in eine gefettete, gebröselte Auflaufform füllen und ¾ Stunden im vorgeheizten Ofen bei 180–200 °C goldbraun backen. Eignet sich mit Salat als selbständige Mahlzeit, besonders für Kinder.

Nudeln

Jägernudeln

500 g Bandnudeln, Salzwasser,
200 g Pilze, 60 g Butter,
1 Zwiebel, 3 EL Rahm,
100 g geräucherter Speck,
Pfeffer, Salz,
geriebener Parmesan

Die Nudeln in Salzwasser kochen, abschrecken, gut abtropfen lassen. Unterdessen die gewaschenen, kleingeschnittenen Pilze in heißer Butter mit der kleingeschnittenen Zwiebel weich dünsten. Rahm, abgeröstete Speckwürfel, Pfeffer und Salz daruntermischen, die Nudeln hineingeben und mit Parmesan bestreuen.
Ein gutes Abendessen im Sommer.

Hausnudeln auf Burgfrauenart

Für 6 Personen
Nudelteig: 500 g Mehl,
4 Eier, Salz,
3 EL Wasser

Sauce: ½ Zwiebel, 1 Knoblauchzehe,
100 g Butter, 150 g Schweinelende,
150 g geräucherter Speck,
100 g Champignons,
½ Gläschen Cognac,
¼ l Rahm, 2 EL Bratensauce,
Salz, Pfeffer,
100 g geriebener Parmesan

Aus Mehl, Eiern, Salz und Wasser einen festen Nudelteig kneten, ½ Stunde ruhen lassen, dünn ausrollen, in ½ cm breite und 35 cm lange Streifen

schneiden. In Salzwasser 5 Minuten kochen, abseihen.
Zwiebel und Knoblauch fein hacken und in Butter dünsten. Schweinelende, Speck und Champignons in Streifen schneiden, dazugeben, gut durchrösten. Mit Cognac ablöschen, mit Rahm aufgießen, aufkochen lassen, mit etwas Bratensauce, Salz und Pfeffer abschmecken. Die Nudeln in der Sauce schwenken. Beim Anrichten mit Parmesan bestreuen.
Mit Salat ein gutes Familiengericht.

Makkaroniauflauf

Béchamelsauce: ein eigroßes Stück
Butter, 1 EL Mehl,
etwa ½ l Milch, Salz,
Muskatnuß, Pfeffer,
1 Eigelb,
3 EL geriebener Emmentaler
oder Parmesan

400 g Makkaroni,
Salz,
Butter für die Form,
Butterflöckchen und Semmelbrösel
zum Bestreuen

Butter und Mehl in einem kleineren Topf bei schwacher Hitze einige Minuten unter ständigem Rühren schwitzen, ohne daß die Masse bräunt. Unter ständigem Rühren langsam die kochende Milch dazugießen. Mit Salz, Muskat und Pfeffer würzen und etwa 10 Minuten leise kochen, bis eine milchweiße cremige Sauce entsteht. Vom Feuer nehmen. Eigelb und Käse unterrühren.

Die Makkaroni brechen, in Salzwasser nicht ganz weich kochen und gut abtropfen lassen. In eine gefettete, tiefe Auflaufform füllen und mit der Sauce übergießen. Mit Butterflocken und Semmelbröseln bestreuen und im vorgeheizten Ofen überbacken. Jede Art von Nudelresten kann so überbacken werden.

Schlutzkrapfen

Nudelteig: 500 g Mehl, 3 Eier, Salz, Wasser

Fülle: ½ gehackte Zwiebel, 1 EL Butter, 1 abgehäutetes Kalbshirn, 2 EL durchpassierter Spinat, 1 EL feingehackter, gekochter Schinken, etwas gewiegte Petersilie und, wenn vorhanden, etwas Bratensauce

1 Ei, Salz, Butter und Parmesan

Zwiebel in Butter dünsten. Sobald sie Farbe nehmen will, das rohe, gewiegte Kalbshirn und nach einigen Minuten Spinat, Schinken, Petersilie und Sauce dazugeben.
Aus Mehl, Eiern, Salz, Wasser einen Nudelteig kneten, in 6 Stücke teilen. Die Teile in Blätter ausrollen. 3 davon mit dem aufgeschlagenen Ei bestreichen. Mit einem Kaffeelöffel in gleichmäßigen Abständen kleine Häufchen der Fülle daraufgeben und mit den nicht bestrichenen Blättern bedecken. Mit dem Krapfenradel kleine Vierecke, in deren Mitte die Fülle sich befindet, ausschneiden. In kochendes Salzwasser geben und so lange kochen, bis sie an die Oberfläche steigen. Vorsichtig abseihen. Auf eine vorgewärmte Platte geben und mit zerlassener Butter und geriebenem Parmesan anrichten.

Nudelgericht mit Hammelfleisch

250 g Eiernudeln,
Salz, 4 EL Öl,
50 g Butter,
1 große Zwiebel,
3 Knoblauchzehen,
4 Tomaten,
3 Paprikaschoten,
100 g Pilze,
Petersilie,
1 Tasse kleingeschnittener Wirsing,
250 g Lamm- oder Hammelfleisch,
50 g Speck, 2 EL Mehl,
1 Becher saurer Rahm

Die Eiernudeln in Salzwasser kochen, abschrecken, gut abtropfen lassen. In Öl und Butter die gehackten Zwiebeln und Knoblauch dünsten. Die gehäuteten, kleingeschnittenen Tomaten, die in feine Streifchen geschnittenen Paprikaschoten und die kleingeschnittenen Pilze dazugeben. Petersilie und den Wirsing ebenfalls hinzufügen und alles 15–20 Minuten schmoren lassen. Das kleingeschnittene Lamm- oder Hammelfleisch und den gewürfelten Speck goldbraun braten, mit Mehl bestäuben und mit dem sauren Rahm ablöschen. Gemüse, Fleisch und Nudeln nun mischen und sehr heiß servieren.

Nocken

Lasagne

Foto

*Nudelteig: 300 g Mehl,
2 Eier, Salz, etwas Wasser*

*Ragout: 1 Zwiebel, 50 g geräucherter
Speck, 2 gelbe Rüben, 2 EL Öl,
250 g Hackfleisch (halb Rind-, halb
Schweinefleisch), 2 EL Tomatenmark,
1 EL Mehl, 1 Tasse Wasser,
3 EL Rotwein, Salz, Pfeffer,
etwas Basilikum und Origano*

*Béchamelsauce: 50 g Butter,
100 g Mehl, ½ l Milch, Salz*

*Butter für die Form,
100 g geriebener Parmesan
zum Bestreuen*

Aus den angegebenen Zutaten einen
Nudelteig kneten, gleichmäßig ausrollen und in Rechtecke (ungefähr
12 × 8 cm) schneiden. In kochendes
Salzwasser legen und so lange kochen, bis sie aufsteigen. Dann abseihen und auf nasse Tücher legen.
Unterdessen das Ragout bereiten.
Feingeschnittene Zwiebel, Speck und
gelbe Rüben in Öl dünsten. Hackfleisch und Tomatenmark dazugeben,
weiterdünsten. Das Mehl einstäuben,
mit Wasser und Rotwein aufgießen.
Salz, Pfeffer, Basilikum und Origano
dazugeben und alles 2 Stunden ganz
langsam kochen, bis eine dickliche
Masse entsteht.
Für die Béchamelsauce die Butter erhitzen, das Mehl unter ständigem
Rühren zufügen, mit heißer Milch aufgießen und salzen. Es muß eine schöne, dickcremige Sauce entstehen.

Eine feuerfeste Form mit Butter bestreichen. Zuerst eine Lage Nudelblät-
ter hineingeben, dann etwas Béchamelsauce daraufstreichen, etwas Parmesan darüberstreuen, einen Teil des
Ragouts einfüllen, wieder Nudeln, Béchamel, Parmesan, Ragout usw. Die
letzte Lage ist Béchamel und Parmesan. 20 Minuten im vorgeheizten Ofen
bei 200–220 °C backen.

Nocken

Nocken sind eine besonders leichte
Speise. Die Zubereitung ist nicht ganz
einfach und erfordert ein gewisses
Fingerspitzengefühl. Man sticht sie
zum Einlegen in das kochende (doch
nicht sprudelnd kochende!) Wasser
mit einem Eßlöffel ab, den man immer
wieder in heißes Wasser taucht. Sie
müssen länglich sein und möglichst
glatt. Bei kleiner Hitze müssen sie sehr
vorsichtig und nicht zugedeckt garziehen. Mit einem Schaumlöffel (Seihkelle) aus dem Wasser heben und
kurz abtropfen lassen.

Butternocken

50 g Butter, 2 Eier, 2 EL Mehl, Salz

Die Butter schaumig rühren, Eier, Mehl
und Salz dazugeben. Nockerln abstechen, in leise kochendes Salzwasser
einlegen und sehr langsam und vorsichtig 10 Minuten garziehen lassen.
Einlage für klare Fleischsuppen.

Grießnocken Foto Seite 42

Sie werden genauso zubereitet und
gegart, wie es bei der Grießnockerl-
suppe auf Seite 14 beschrieben ist.
Ob sie in Rindssuppe oder leicht ge-
salzenem Salzwasser garziehen, hängt
vom beabsichtigten Verwendungs-
zweck ab. In der Regel werden sie jedoch als Einlage für klare, also unge-
bundene Fleisch-, Gemüse- oder auch
Nudelsuppen, verwendet.

Lebernocken

100 g Butter, 2 Eier getrennt,
2 EL mit etwas Milch angefeuchtete
Semmelbrösel,
200 g feinpassierte Leber,
2 EL Mehl, Salz, Pfeffer

Die Butter schaumig rühren. Die Eigelb dazugeben und nach und nach
die Brösel, Leber, Mehl und Gewürze.
Zuletzt die zu steifem Schnee geschlagenen Eiweiß unter die Masse ziehen.
Nockerl abstechen, in siedendem
Salzwasser 10–15 Minuten garziehen
lassen.
Sehr gut zu Sauerkraut oder als Suppeneinlage.

Spinatnocken

1 kg Spinat, ½ Zwiebel,
1 EL Butter, etwas Petersilie,
2 gestrichene EL Mehl,
300 g Semmelbrösel, 3 EL Milch,
3 Eier, Salz, Muskatnuß, 80 g Butter,
80 g geriebener Parmesan

Den wie üblich vorbereiteten Spinat
kurz kochen (bis er zusammenfällt)
und anschließend passieren. Die feingeschnittene Zwiebel in der Butter
hellgelb dünsten, den Spinat dazugeben und gut mischen, noch etwas
schmoren lassen. Gehackte Petersilie
dazugeben, erkalten lassen. Mehl,
Brösel, Milch, die verquirlten Eier, Salz
und Muskat zusammen mit dem Spinat in eine Schüssel geben. Gut vermischen. Nockerl ausstechen, in siedendes Salzwasser geben, 20 Minuten
garziehen lassen. Vorsichtig abseihen.
Auf einer angewärmten Platte, mit
brauner Butter übergossen und mit
Parmesan bestreut, anrichten.
Gut schmeckt eine Tomatensauce dazu.

Parmesannocken

100 g geriebener Parmesan,
225 g Mehl, 120 g Butter,
½ l Milch, Muskatnuß,
Pfeffer, Salz,
4 Eier, getrennt

Parmesan, Mehl und Butter gut vermischen. Mit der Milch und den Gewürzen glattrühren und unter ständigem
Rühren zum Kochen bringen. Den
Topf vom Feuer nehmen und Eigelb
schnell unterrühren, abkühlen lassen.
Die zu steifem Schnee geschlagenen
Eiweiß unterziehen und den Teig
½ Stunde ruhen lassen. Nocken ausstechen, in siedendes Salzwasser einlegen und 10 Minuten garziehen lassen.
Sehr gut dazu paßt Spinat.

Plenten und Schwarzplenten

Topfennocken

250 g Topfen (Quark), 2 Eier,
1 kleine Tasse Milch, Salz,
2 EL Semmelbrösel,
2 EL Mehl,
etwas Butter und Semmelbrösel
zum Übergießen

Den Topfen mit den Eiern und der
Milch verrühren. Salz, Brösel und
Mehl dazugeben. Längliche Nocken
abstechen, in siedendes Salzwasser
einlegen und 6 Minuten garziehen
lassen. Abtropfen und zum Anrichten
mit Bröselbutter übergießen.
Salat oder Tomatensauce eignet sich
gut dazu.

Kartoffelnocken

350 g gekochte, passierte Kartoffeln,
20 g Butter,
1 Ei, 150 g Mehl,
Salz,
Butter,
geriebener Parmesan

Die Kartoffeln mit Butter, Ei, Mehl und
Salz zu einem festen Teig kneten. Auf
einem bemehlten Brett zu 1½ cm dik-
ken Rollen formen. Diese in 3–4 cm
lange Stücke schneiden, in siedendes
Salzwasser einlegen und so lange ziehen lassen, bis sie in die Höhe steigen.
Mit einer Seihkelle herausnehmen.
Auf einer angewärmten Platte, mit
brauner Butter übergossen und mit
Parmesan bestreut, anrichten.
Dazu eine würzige Tomatensauce reichen.

Plenten und Schwarzplenten

Plenten werden aus Maisgrieß,
Schwarzplenten aus Buchweizenmehl
hergestellt. Polenta ist nämlich nicht
nur ein italienisches Maisgericht, sondern auch die österreichische Be-
zeichnung für Maismehl. Und
Schwarzplentenes steht für Buchwei-
zengerichte (Schwarzplent = Buchweizen). Die Heimat des Schwarz-
plents ist die Mongolei oder Turkistan.
Doch hat er schon sehr früh Europa
erobert. Buchweizen ist sehr gesund,
wirkt blutdruckregulierend und be-
hebt Cholesterinüberschuß. In Stadt-
kreisen wurde er lange belächelt,
kommt nun aber wieder zu Ehren.
Die Italiener sagen zum Buchweizen
fagopiro oder *formento negro.* Bei
den Ladinern heißt er *poia.* Untersu-
chungen von Speiseresten aus der
Pfahlbausiedlung am Ledrosee im
Trentino haben ergeben, daß man eine Art Knödel aus Buchweizenmehl
schon vor 3000 Jahren in der Bronze-
zeit gemacht hat. Der Buchweizen
wird in den mittleren Höhenlagen als
2. Frucht angebaut. Es ist ein wunder-
schöner Anblick, im September an einem blühenden Buchweizenfeld vor-
überzugehen.
Einige besonders gebräuchliche Rezepte aus Schwarzplent möchte ich
Ihnen empfehlen.

Polenta
Foto

330 g Maisgrieß, 1½ l Salzwasser

Den Polentagrieß unter ständigem Rühren in das kochende Salzwasser rühren. Langsam die Masse bei gleichmäßigem Rühren kochen, bis sie sich vom Topf und Löffel löst (ungefähr ½ Stunde). Dann die Masse in eine mit Wasser ausgeschwenkte Form drücken, ca. ½ Stunde warm stellen und anschließend auf eine Platte stürzen. Oder die ganze Masse aus dem Topf auf ein Brett (Plentenbrett) stürzen, wie es bei den Bauern üblich ist. Als Beilage zu Polenta eignen sich Gulasch, Beuscherl (Lungenragout), Hauswürste, Kraut und an Fasttagen Käse.

Ganz besonders gut schmeckt die Polenta, wenn unsere Waldarbeiter sie im kupfernen Plentenkessel draußen im Wald auf offenem Feuer kochen. Es war das höchste Vergnügen unserer Kinder, mit den Mandern (Männern) im Wald draußen Plent und Wurst zu essen.

Besonders gut ist es aber auch, die Polentamasse, auf eine Platte gestrichen, auskühlen zu lassen, in Stücke zu schneiden und dann in heißer Butter zu braten.

Schwarze Polenta
Heidensterz

1½ l Wasser, Salz,
360 g Buchweizenmehl,
100 g geräucherter Speck

In das siedende Salzwasser möglichst rasch das Buchweizenmehl schütten. Den Plent erst mit dem Schneebesen, dann mit dem Holzlöffel rühren, ungefähr ½ Stunde. Auf ein Holzbrett stürzen, etwas abkühlen lassen und vor dem Anrichten hellbraun geröstete Speckwürfel darüberstreuen.

Allerlei
Gesottenes und
Gebratenes

Der Tiroler Adler

Gekochtes Schöpsernes

1 kg Schöpsenschulter (Hammel),
Salz, etwas Fett,
1 gelbe Rübe, 1 Petersilienwurzel,
½ Sellerieknolle, ½ Zwiebel,
Pfefferkörner, Thymian,
500 g Kartoffeln, 1 EL Butter,
50 g Semmelbrösel

Die Schöpsenschulter abhäuten, auslösen und großwürflig schneiden. Das so hergerichtete Fleisch in Salzwasser weich kochen, dem man vorher das in kleine Würfel oder Stifte geschnittene und in wenig Fett angeröstete Wurzelwerk, die gehackte Zwiebel und die Gewürze beigefügt hat. Ist das Fleisch halbweich, gibt man die geschälten, gewürfelten Kartoffeln dazu und läßt sie noch mitkochen. Fleisch und Kartoffeln samt Gemüse und einem Teil der Brühe anrichten und mit in Butter gerösteten Bröseln übergießen.
Dazu einen Bohnensalat reichen.

Schöpseneintopf

500 g ausgelöste Schöpsenschulter
(Hammel), 30 g Fett, 1 große Zwiebel,
Salz, Pfeffer, Fleischbrühe,
200 g gelbe Rüben,
1 kleiner Wirsingkopf,
500 g Kartoffeln,
Petersilie und Sellerieblätter,
50 g Butter

Das Fleisch großwürflig schneiden. In heißem Fett die kleingeschnittene Zwiebel anrösten, das Fleisch dazugeben, salzen und pfeffern und gut an-

braten. Die Fleischbrühe zugießen und das Fleisch darin halbweich dünsten. Dann die in Würfel geschnittenen gelben Rüben, den in Achtel geteilten Wirsingkopf und die großwürflig geschnittenen Kartoffeln dazugeben. Alles mit gewiegter Petersilie und Sellerieblättern überstreuen, nach Bedarf salzen und noch mit etwas Wasser oder Fleischbrühe aufgießen. Zugedeckt weiterdünsten lassen. Kurz bevor das Fleisch gar ist, die frische Butter hineingeben. In tiefer Schüssel anrichten.
Sehr gutes, kräftiges Eintopfgericht.

Kalbsbeuschel
Kalbslunge

1 kg Kalbslunge, Salz,
½ Petersilienwurzel, ½ gelbe Rübe,
¼ Sellerieknolle, ½ Zwiebel,
6 Pfefferkörner, 3 Pimentkörner,
1 Glas Essig

Sauce: 100 g Fett, 100 g Mehl,
1 Stück Würfelzucker, 1 Zwiebel,
etwas Petersilie, 1 EL Zitronensaft,
1 EL Essig, Salz, 1 Sardelle,
½ Lorbeerblatt,
Thymian,
abgeriebene Zitronenschale

Die Lunge in Salzwasser mit dem Wurzelwerk, Zwiebel, Gewürzkörnern und Essig weich kochen und nach dem Erkalten feinnudlig aufschneiden.
Eine leichte, braune Einbrenne machen: Beim Mehlbräunen den Würfelzucker dazugeben, da dadurch die

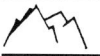
Einbrenne eine schönere Farbe bekommt. Feingehackte Zwiebel und Petersilie darin mitanrösten und mit geseihtem Beuschelsud aufgießen. Zitronensaft, Essig, Salz, die feingewiegte Sardelle, Lorbeerblatt, Thymian, Zitronenschale und das aufgeschnittene Beuschel hineingeben und noch eine Zeit lang alles kochen lassen.
Mit Semmelknödeln servieren.

Variation

Als Verfeinerung kann man der Sauce noch 20 g feingeschnittene Kapern und 1/8 l Rahm beigeben.

Herrngröstl

Für 6 Personen
1 mittelgroße Zwiebel,
160 g Butter,
600 g Kalbsschnitzelfleisch,
1½ kg Kartoffeln,
2 Lorbeerblätter,
Majoran, Salz, Pfeffer,
etwas Bratensauce, Petersilie

Die Zwiebel fein hacken und in 80 g Butter hellgelb anrösten. Das geschnetzelte Fleisch hinzugeben und schnell anbraten. Die gekochten, geschälten und geschnittenen Kartoffeln in der übrigen Butter schön goldgelb rösten und zum Fleisch geben. Mit feingewiegten Lorbeerblättern, Majoran, Salz und Pfeffer würzen, gut durchschwenken. Zuletzt etwas Bratensauce aufgießen und sofort auf einer vorgewärmten Platte anrichten. Mit gehackter Petersilie bestreuen. Salat als Beilage reichen.

Paradeis Schlegel

Für 6 Personen
1 kg Kalbsfrikandeau (lange Seite vom Schlegel), Salz, Pfeffer, Spickspeck,
2 EL Butter, 2 EL Öl, 1 Zwiebel,
3 Tomaten, Kalbsknochen, 1 EL Mehl,
1 EL Tomatenmark, 1 EL Rahm

Das Kalbsfrikandeau salzen, pfeffern und mit Speckstreifen spicken. In halb Butter, halb Öl mit der halbierten Zwiebel, den geviertelten Tomaten und den kleingehackten Kalbsknochen anbraten. Dann im vorgeheizten Ofen bei 200 °C unter häufigem Begießen 1½ Stunden braten. Das Fleisch warm halten. Die Sauce mit Mehl leicht binden und zum Schluß noch mit Tomatenmark und Rahm verfeinern.
Mit Nudeln servieren.

Gefüllte Kalbsschnitzel

750 g kleine Kalbsschnitzel,
Öl nach Bedarf, Salz,
Pfeffer, einige Oliven,
2 EL Kapern, 1 Sardelle, 1 Eigelb,
wenig geriebenen Parmesan,
Butter zum Braten, Tomatenmark

Die Schnitzel klopfen, mit Öl bestreichen, würzen. Oliven, Kapern und Sardelle fein hacken und mit Eigelb und Parmesan mischen. Die Schnitzel mit dieser Mischung bestreichen, aufrollen, zubinden, in Butter oder Öl anbraten, mit verdünntem Tomatenmark ablöschen und zugedeckt etwa ¾ Stunden schmoren.

Tafelspitz

Foto

*600–700 g Tafelspitz
(Hochrippe oder Bug),
Salz, 1 Knoblauchzehe,
¼ Lorbeerblatt,
ein paar Pfefferkörner,
2 mittelgroße gelbe Rüben,
1 kleine Zwiebel,
2 Petersilienwurzeln,
1 kleines Stück Sellerie,
ein paar Sellerieblätter,
Schnittlauch*

Tafelspitz in kochendes, leicht gesalzenes Wasser legen, durchgepreßten Knoblauch, Lorbeerblatt und Pfefferkörner zufügen und 2 Stunden sachte kochen lassen. ½ Stunde, bevor das Fleisch gar ist, das zerkleinerte Suppengemüse zugeben. Das fertiggekochte Fleisch aus der Brühe nehmen, in Scheiben schneiden, auf einer vorgewärmten Platte anrichten. Mit dem Suppengemüse garnieren und mit Schnittlauch bestreuen. Mit frischem Apfelkren servieren.

Kalbskopf gebacken

*½ Kalbskopf, 6 EL Essig, Salz,
einige Pfeffer- und Pimentkörner,
1 Lorbeerblatt, 1 Zwiebel,
abgeriebene Schale von 1 Zitrone,
Mehl, 1 Ei,
Semmelbrösel,
etwas geriebener Käse,
Ausbacköl*

Den gut geputzten Kalbskopf mehrere Stunden wässern, mit Essig übergießen und in kochendem Salzwasser mit Pfeffer- und Pimentkörnern, Lorbeerblatt, Zwiebel und etwas Zitronenschale zusetzen. Bei kleiner Hitze in 2 Stunden weich kochen. Den Kalbskopf herausheben, abkühlen lassen, entbeinen und in fingerdicke Scheiben schneiden. Die Scheiben in Mehl, zerschlagenem Ei und Bröseln, die mit dem geriebenen Käse vermischt sind, panieren. In reichlich Öl goldgelb backen.

Eingemachtes Kalbfleisch

*½ gelbe Rübe, ½ Petersilienwurzel,
¼ Sellerieknolle, 1 kleine Zwiebel,
40 g Fett, 1 kg Kalbsschulter, Salz*

*Sauce: 80 g Fett, 60 g Mehl, Salz,
Zitronensaft, ½ Kopf Blumenkohl,
4 Spargelstangen,
2 EL grüne, gekochte Erbsen,
20 g Butter, 100 g Champignons*

Das kleingeschnittene Wurzelwerk und die Zwiebel in Fett anrösten. Das in Würfel geschnittene Kalbfleisch hinzugeben, salzen, mit etwas Wasser aufgießen und weich dünsten.
Eine aus Fett und Mehl hergestellte Einbrenne mit dem geseihten Sud aufgießen, mit Salz und Zitronensaft würzen und gut durchkochen. Das Fleisch, die gekochten Blumenkohlröschen, die gekochten Spargelstücke, die Erbsen und die in Butter gedünsteten Champignons dazufügen und gut heiß werden lassen.
Reis oder Semmelknödel passen sehr gut dazu.

Thunfischsauce zu kaltem Kalbsbraten

*2 Sardellen, 50 g Thunfisch in Öl,
50 g Kapern, Petersilie, 2 hartgekochte
Eier, etwa 2 dl Öl, Salz, Pfeffer,
Saft von ½ Zitrone, etwas Weißwein,
Eischeiben und Tomaten zum
Garnieren*

Sardellen, Thunfisch, Kapern und Petersilie sehr fein wiegen und vermischen. Die geschälten Eier und einen Schuß Öl beifügen und alles zu einem feinen Brei verrühren und durch ein Sieb streichen, würzen. Zitronensaft, ein wenig Weißwein und so viel Öl beifügen, daß eine cremeartige Sauce entsteht. Den Kalbsbraten in dünne Scheiben schneiden und auf einer Platte anrichten. Die Thunfischsauce darübergeben, mit harten Eierscheiben und Tomatenvierteln umlegen. Dazu reicht man Salzkartoffeln.

Ersäufte Kalbskoteletten

*4 Kalbskoteletten, etwas Mehl, Öl,
1 Glas Weißwein, etwas Rosmarin,
1 kleine Dose geschälte Tomaten oder
2 frische, geschälte Tomaten*

Die Koteletten, am besten vom Nierenstück, dick abschneiden lassen, nicht klopfen. In Mehl wälzen, in heißem Öl kurz anbraten, mit Weißwein aufgießen, Rosmarin dazugeben, zudecken und langsam 20 Minuten dämpfen. Zum Schluß geschälte Tomaten beifügen und noch 5 Minuten weiterdämpfen.

Gerollter Kalbsnierenbraten

*1 kg Kalbsnierenstück (Sattel), Salz,
Pfeffer, 60 g Fett, 1 Zwiebel, 1 Tomate,
1 Scheibe Sellerie, Fleischbrühe,
etwas Mehl*

Das Nierenstück vollständig aus den Knochen lösen. Innenseite mit Salz und Pfeffer bestreuen. Inzwischen die Nieren von den Harn- und Muskelsträngen befreien, 10 Minuten wässern, auf das Fleischstück legen, fest einrollen und zusammenbinden. In einer Bratenreine (Bratpfanne) das Fett erhitzen, den Braten hineingeben und im vorgeheizten Ofen gut bräunen. Die in Stücke geschnittene Zwiebel, Tomate und Selleriescheibe mit anbraten, dann etwas Fleischbrühe aufgießen und ca. 1½ Stunden unter fleißigem Begießen braten. Den Bratenfond mit etwas Mehl anstauben, mit Fleischbrühe aufgießen und die Sauce abschmecken.
Gemüse, Salate und Reis passen gut dazu.

Kapuzinerfleisch

*5 Scheiben roher Kalbsnierenbraten,
5 Nierenscheiben, Salz, Pfeffer, Öl,
1 Glas Weißwein,
200 g gekochte grüne Bohnen,
einige Scheiben geräucherter Speck,
1 Knoblauchzehe,
einige Blätter Basilikum*

An die Fleischscheiben mit einem Zahnstocher die Nierenscheiben »an-

heften«. Die Fleischscheiben salzen, pfeffern, mit Öl begießen und schnell anbraten. Dann in eine Bratreine geben und etwas Öl und Weißwein angießen. Bohnen, Speck, feingehackten Knoblauch und Basilikum darübergeben. Salzen, pfeffern, alles langsam dünsten, bis das Fleisch gar ist.
Reis, Kartoffelbrei oder Bandnudeln dazu reichen.

Tiroler Kalbsleber

500 g Kalbsleber,
½ mittelgroße Zwiebel,
Fett, Pfeffer, Majoran,
etwas Mehl, etwas Weißwein, Salz

Die Kalbsleber klein aufschneiden. Die Zwiebel fein schneiden und in Fett hellbraun rösten. Die Leber dazugeben, ebenso Pfeffer und Majoran. Mit Mehl bestäuben, noch etwas rösten, mit einem Spritzer Weißwein und Wasser aufgießen und dann erst salzen.

Festliche Ochsenzunge

Für 6–10 Personen
1 frische Ochsenzunge

Marinade: ½ l Weißwein,
¼ l Essig, ¼ l Wasser,
½ grob zerteilte Zwiebel,
2 gewürfelte gelbe Rüben,
2 EL Zucker, 1 Lorbeerblatt

Sauce: 80 g Fett, 60 g Mehl,
Zitronensaft, ⅛–¼ l Rahm, 2 Eigelb,
Petersilie, 1 Tomate

Die Zunge in einen Steintopf geben. Die Zutaten für die Marinade miteinander mischen, über die Zunge schütten und zugedeckt 3 Tage marinieren lassen. Die Zunge in der Marinade weich kochen und anschließend die dicke Haut abziehen, die Zunge in Scheiben schneiden.
Aus Fett und Mehl eine helle Einbrenne herstellen und mit dem abgeseihten Sud der Zunge aufgießen. Mit Zitronensaft abschmecken und mit Rahm und Eigelb legieren. Die Sauce über die aufgeschnittene Zunge gießen, gehackte Petersilie und würflig geschnittene Tomaten darüberstreuen.

Bierkalbsbrust

Für 8–10 Personen
1 Kalbsbrust,
Salz, Pfeffer,
Fett, ½ l helles Bier,
etwas Butter,
Salbei, Lorbeerblatt,
Pfefferkörner,
1 gelbe Rübe,
1 Zwiebel,
ganz wenig Knoblauch

Die Kalbsbrust ausbeinen und mit Salz und Pfeffer einreiben. In heißem Fett von beiden Seiten anbraten und dann mit Bier aufgießen. Etwas Butter dazugeben und Gewürze, die grob zerteilte gelbe Rübe und Zwiebel und Knoblauch beifügen. Unter häufigem Begießen 1½ Stunden im Ofen braten. Reis oder Nudeln und gemischten Salat dazu reichen.

Jungschwein mit Kraut

1 kg Schweinefleisch (Schulter),
2 Zwiebeln,
50 g geräucherter Speck,
2 EL Schweinefett,
1 EL Rosenpaprika,
1 EL Mehl,
1 Tasse Rahm,
Fleischbrühe,
800 g gekochtes Sauerkraut

Das Fleisch in 3 cm große Würfel
schneiden, mit den Zwiebelscheiben
und Speckwürfeln in Schweinefett anrösten, den Rosenpaprika dazugeben
und den sich bildenden Saft vollständig einkochen lassen. Mit Mehl bestäuben, mit Rahm und Fleischbrühe
aufgießen und langsam 1 Stunde
dämpfen lassen. Dann das gekochte,
möglichst trockene Sauerkraut daruntergeben und alles zusammen noch
20 Minuten dünsten.
Dazu gibt man Kartoffelbrei oder Salzkartoffeln.

Schweinskarree
Zirmerhof

1 kg Schweinskarree, Salz,
Öl, 1 Zwiebel,
1 großer, geschälter Apfel,
1 Glas Weißwein, Salbei,
1 Knoblauchzehe, etwas Curry,
2 EL Tomatenmark, Petersilie,
Fleischbrühe, 250 g Steinpilze,
1 EL Butter

Das gesalzene Karree in heißem Öl
von allen Seiten gut anbraten. Die in
dünne Scheiben geschnittenen Zwiebel und Apfel beifügen. Die Reine mit
einem Deckel schließen und alles zusammen ungefähr 1 Stunde langsam
schmoren. Das Fleisch herausnehmen.
Etwas Fett abgießen. Den verbliebe-
nen Fond mit Weißwein ablösen,
Salbei, durchgepreßten Knoblauch
und Curry und das Tomatenmark zugeben, alles durchkochen. Etwas Petersilie und Fleischbrühe zufügen. Die
Steinpilze putzen, evtl. waschen (gut
trockentupfen), in Stücke schneiden,
rasch in der Butter braten und beim
Anrichten über das mit der Sauce be-
gossene Karree geben.
Kleine Teigwaren oder Schneekartof-
fel dazu reichen.

Bauernschmaus

Foto

Für 10 Personen
*½ kg Schweinskarree
(Rippenstück),
Salz, Kümmel, Bratfett,
500 g Selchkarree,
750 g Sauerkraut,
Wacholderbeeren,
1 Lorbeerblatt,
2 EL Fett,
2 große, geschälte rohe Kartoffeln,
10 Stück Frankfurter Würstchen
(können auch weggelassen werden),
3 Essiggurken*

Das Schweinskarree salzen, mit Kümmel bestreuen und in heißem Fett unter häufigem Begießen 1–1½ Stunden
braten. Das Selchkarree 1 Stunde in
Wasser kochen.

Das Sauerkraut mit Wasser, Salz,
Wacholderbeeren, Lorbeerblatt und
Fett kochen. Sobald es weich ist, die
Kartoffeln hineinreiben. Die Frankfur-
ter Würstchen auf dem Kraut langsam
garziehen lassen.

Auf einer großen Platte das in Scheiben geschnittene Schweinskarree, das
Selchkarree, das Kraut und die Würstchen gefällig anrichten und mit fä-
cherartig geschnittenen Essiggurken
verzieren.

Dazu reicht man Tiroler Speckknödel
(Seite 25 f.) oder Salzkartoffeln und
einen Obstler.

Kuttelflecke auf Südtiroler Art

Kutteln = Rinder- oder Schweinemagen

1 kg Kuttelflecke, Salz,
100 g Semmelbrösel, ⅛ l Öl,
120 g Tomatenmark,
etwas Fleischbrühe,
30 g geriebener Parmesan

Die gut gereinigten Kuttelflecke in Salzwasser ca. 2½ Stunden weich kochen und dann nudlig schneiden. Zunächst die Brösel in heißem Öl anrösten, dann die Kuttelflecke hinzufügen. Das Tomatenmark, Salz und Fleischbrühe zugeben und noch mitdämpfen. Kurz vor dem Anrichten den Parmesan untermischen.

Krenfleisch

1 kg Schweinefleisch
(Jungschweinernes, Bauchfleisch,
Schweinekopf), ½ gelbe Rübe,
½ Sellerieknolle, ½ Petersilienwurzel,
½ Zwiebel, ⅛ l Essig, Pfefferkörner,
Salz, 500 g Kartoffeln, Kümmel,
150 g Kren (Meerrettich)

Das in Stücke geschnittene Fleisch mit dem nudlig geschnittenen Wurzelwerk und Zwiebel, Essig und Pfefferkörnern in Salzwasser weich kochen. In einer Schüssel das Fleisch anrichten, mit einem Teil des Suds und dem Wurzelwerk übergießen. Das Fleisch mit Kartoffeln umlegen, die man vorher in Salzwasser mit Kümmel gekocht hat. Mit geriebenem Kren bestreuen.

Schweinskoteletten St. Konstantin

4–5 Schweinskoteletten, Salz, Pfeffer,
Muskatnuß, 4–5 Scheiben Mortadella,
4–5 dünne Scheiben Käse,
etwas Mehl, 1 Ei, Semmelbrösel, Fett

Jedes Kotelett in Buchform aufschneiden, ohne es vom Knochen zu lösen. Mit Salz, Pfeffer und Muskat einreiben. In jedes Kotelett 1 Scheibe Mortadella und 1 Scheibe Käse geben. Zuklappen und mit den Fingern fest andrücken. In Mehl, Ei und Bröseln wenden und in ziemlich viel heißem Fett goldbraun backen.
Mit Salat oder Kartoffelbrei reichen.

Rindsgulasch

500 g Zwiebeln, 4 EL Schweinefett,
4 EL Tomatenmark, 6 EL Fleischbrühe,
3 EL Rosenpaprika, Salz,
750 g Rindfleisch (Hohe Rippe
oder auch Haxenfleisch),
Schale von 1 Zitrone,
1 TL Kümmel, etwas Majoran,
2 Knoblauchzehen

Die Zwiebelscheiben in heißem Fett andünsten. Nach etwa 10 Minuten das Tomatenmark dazugeben, verrühren und dämpfen lassen, bis die Zwiebeln weich und breiig sind. Die Fleischbrühe hineingießen, umrühren und den Paprika dazugeben. Nun die leicht gesalzenen Fleischwürfel beifügen, zudecken und in den vorgeheizten Ofen schieben. Im eigenen Saft 1–2 Stunden schmoren lassen. ½ Stunde vor

dem Garwerden die feingewiegte Zitronenschale, Kümmel, Majoran und den zerdrückten Knoblauch dazugeben.
Beilage: Polenta (Seite 38), Fastenknödel (Seite 27) oder Salzkartoffeln passen dazu.

Gedünstete Rostbraten

4–5 Rostbraten (Roastbeefschnitten), Salz, Pfeffer, 2 EL Senf, 1 EL Öl, 1 Messerspitze Pfeffer, 1 Mokkalöffel Curry, etwas Cognac oder Madeira, Fett, Fleischbrühe

Das Fleisch klopfen, mit Salz und Pfeffer bestreuen und mit folgender Senfmischung bestreichen: Senf und Öl verrühren, Pfeffer und Curry zugeben und mit einem Spritzer Cognac oder Madeira abschmecken. Die bestrichenen Rostbraten auf beiden Seiten schnell in heißem Fett anbraten, in eine Reine geben, die man gut verschließen kann, und 1 Stunde leise dünsten. Zwischendurch mit etwas Fleischbrühe aufgießen.
Nudeln, Reis oder Salzkartoffeln und Salat dazu reichen.

Jägerbraten

250 g gehacktes Rindfleisch, 250 g gehacktes Schweinefleisch, 250 g gehacktes Kalbfleisch, 2 Semmeln, 2 Eier, etwas gedünstete, feingeschnittene Zwiebeln und Petersilie, Salz, 1 EL Speckwürfel, 2 hartgekochte Eier, Bratfett

Das Hackfleisch mit den in Wasser geweichten, ausgedrückten Semmeln, 2 Eiern, Zwiebeln und Petersilie, Salz und Speckwürfeln vermischen. Einen länglichen Wecken formen, in dessen Mitte die hartgekochten Eier eingewickelt werden. Im vorgeheizten Ofen bei 200–220 °C in 45–60 Minuten unter fleißigem Begießen mit dem Bratfett braten. (Etwas Kartoffelmehl an die Bratenmasse geben, dann fällt der Braten nicht so leicht auseinander.)
Mit Kartoffelbrei, Salat oder Gemüse servieren.

Rindsbraten Rametz

1 kg Rindfleisch (am besten Mittelschwanzstück), 100 g Speck zum Spicken, 50 g Öl, 2 Zwiebeln, 1 gelbe Rübe, ein Stück Sellerie, 2 Tomaten oder 2 EL Tomatenmark, 1 EL Mehl, ⅜ l Bouillon, 1 Glas Rametzer Rotwein, 2 EL Weinbrand, etwas Basilikum, Salz, Pfeffer

Das Fleisch gleichmäßig mit den feinen Speckstreifen spicken (Spicknadel). Im heißen Öl im Schmortopf rundum anbraten, das Fleisch herausnehmen. Im Fond die kleingeschnittenen Zwiebeln und das Gemüse bräunen. Mehl zufügen, mit Bouillon auffüllen, durchkochen. Wein und Weinbrand zugießen, das Fleisch wieder einlegen und im geschlossenen Schmortopf langsam gar schmoren. Die Sauce abschmecken, durchseihen und separat zu dem aufgeschnittenen Braten servieren.

Ossobuco
Zersägte Kalbsstelze

Foto

1 Kalbsstelze (Haxe),
1 Zwiebel, ½ Sellerieknolle,
1 Petersilienwurzel,
2 gelbe Rüben, Öl, Mehl,
etwas Weißwein,
2 EL Tomatenmark,
Salz, Pfeffer,
30 g geräucherter Speck,
ein paar Salbeiblätter,
Fleischbrühe

Die Kalbsstelze in gut daumendicke Stücke zersägen, den Knochen in der Mitte lassen. Das Grünzeug klein schneiden, für sich in Öl anrösten. Die Stelzenstücke in Mehl wenden und schön anbraten. Mit Weißwein ablöschen, Grünzeug dazugeben, ebenso Tomatenmark, Salz, Pfeffer, kleingeschnittenen Speck und Salbei. Mit etwas Fleischbrühe aufgießen und 1 Stunde zugedeckt dünsten lassen. Polenta (Seite 38) oder Reis dazu reichen.

Wiener Backhendl

Foto

2 junge Hühner,
Salz, Pfeffer,
3–4 EL Mehl,
2 Eier,
1½ Tassen Semmelbrösel,
Ausbacköl,
Petersilie, Zitronenviertel

Die Hühner in vier Teile schneiden, mit Salz und Pfeffer einreiben und ½ Stunde ruhen lassen. Abgetrocknet, zuerst in Mehl, dann in den zerklopften Eiern und schließlich in reichlich Semmelbröseln wälzen. Im heißen Öl goldgelb backen. Mit gewiegter Petersilie bestreuen und mit Zitronenvierteln anrichten.
Sehr gut dazu sind Reis oder Kartoffelsalat und ein frischer gemischter Salat. Auch kalt schmecken Backhendl vorzüglich.

Huhn auf Berghofart

1 Brathuhn, Salz, Pfeffer, Öl,
Schinkenfett oder Speck,
2 EL grobgehackte Zwiebeln,
2 Knoblauchzehen, 2 Paprikaschoten
(rot und grün), 4 Tomaten,
150 g Champignons, ⅒ l Rahm,
1 kleine Dose Erbsen, Fleischbrühe

Das Huhn in Achtel oder Viertel zerteilen, die Stücke salzen und pfeffern. In heißem Öl und Schinkenfett oder Speck anbraten. Zwiebeln und zerdrückten Knoblauch dazugeben und goldgelb rösten. Paprikaschoten in Streifen schneiden, geschälte Tomaten in Stücke teilen. Zusammen mit den Champignons hineingeben und alles ½–¾ Stunde dünsten lassen. Zuletzt den Rahm, die Erbsen und etwas Fleischbrühe dazugeben.
Mit Reis servieren.

Reh- oder Gamsschlegel

Für 7–8 Personen
½ Sellerieknolle,
2 gelbe Rüben,
1 Petersilienwurzel,
1 Zwiebel, 2 Tomaten,
2 EL Öl, 2 EL Butter,
Spickspeck, Salz,
1½ kg Reh- oder Gamsschlegel,
Schale von ½ Zitrone,
etwas Weinkraut,
Rosmarin, Salbei,
Wacholderbeeren,
1 EL Kapern,
1 EL Mehl, Fleischbrühe,
3 EL Rahm,
je 1 EL Preiselbeer- und
Zitronensaft

Das kleingeschnittene Wurzelwerk und Gemüse in Öl und Butter abrösten. Den gespickten, gesalzenen Schlegel hineingeben, bei starker Hitze (250 °C) im vorgeheizten Ofen anbraten, Hitze auf 180–200 °C reduzieren und in ungefähr 1½ Stunden fertigbraten. Wenn der Saft eingegangen ist, Zitronenschale, Weinkraut, Rosmarin, Salbei, Wacholderbeeren und Kapern beigeben und alles durchrösten. Das Fleisch warm halten und erst unmittelbar vor dem Anrichten aufschneiden. Den Fond mit Mehl anstauben, mit Fleischbrühe aufgießen und noch etwas durchkochen lassen. Die Sauce passieren und mit Rahm, Preiselbeersaft und Zitronensaft abschmecken.
Hausnudeln, Semmelknödel oder Grießplattln und gemischte Salate dazu servieren.

Rehbraten eingebeizt

Für 7–8 Personen
Beize: 1½ l Wasser, ¼ l Essig,
1 Lorbeerblatt, ½ Zwiebel,
2 gelbe Rüben, ½ Sellerieknolle,
1 Knoblauchzehe, 2 Nelken,
5 zerdrückte Pfefferkörner,
etwas Piment, Majoran,
Wacholderbeeren, Muskatblüte

1½ kg Rehfleisch, Öl, Salz, Bratfett,
50 g geräucherter Speck,
1 Lorbeerblatt, etwas Rosmarin,
etwas Salbei, Wacholderbeeren,
¼ l Rotwein, ⅛ l Madeira, 2 EL Mehl,
½ Tasse saurer Rahm, Fleischbrühe

Die Zutaten für die Beize vermischen und alles 1 Stunde leise kochen lassen. Erkaltet über das mit Öl gut eingepinselte Fleisch gießen, 3–4 Tage in der Beize liegen lassen. Herausnehmen und vor dem Braten noch ein paar Stunden in Milch legen.
Das Fleisch abtrocknen, salzen und auf beiden Seiten schön braun anbraten. In einer Bratenreine (Bratpfanne) das Bratfett erhitzen, den gewürfelten Räucherspeck, die Gewürze und das angebratene Fleisch dazugeben und zugedeckt schmoren lassen, öfter wenden. Sobald der Saft eingegangen ist, Rotwein, Madeira und 1 Schöpflöffel von der Beize dazugeben. Das fertiggebratene Fleisch warm halten. Die Flüssigkeit wieder einkochen lassen, mit Mehl anstauben, mit saurem Rahm und Fleischbrühe aufgießen, die Sauce passieren.
Nudeln, Reis, Kartoffelröllchen oder Semmelknödel passen gut dazu.

Hirschmedaillon Hubertus

½–1 Hirschfilet,
Salz, Pfeffer,
etwas Weinbrand,
Butter oder Öl
zum Braten,
2 Bananen,
Johannisbeergelee

Vom Filet 4 cm dicke Scheiben schneiden, würzen mit Salz, Pfeffer und ein wenig Weinbrand. Dann in heißer Butter oder Öl auf beiden Seiten knusprig braten, aber innen muß das Fleisch zart rosa bleiben. Mit je einer halben, in Butter gebratenen Banane und Johannisbeergelee garnieren, etwas Weinbrand daraufträufeln.

Spielhahn auf Jägerart

Der Spielhahn gehört zu dem feinsten Federwild der Alpen. Die schöne, geschwungene Spielhahnfeder ist für jeden Südtiroler der beliebteste Hutschmuck.

1 abgelegener, gerupfter Spielhahn,
Milch, Salz, 100 g geräucherter Speck
in Scheiben, Fett, 1 gelbe Rübe,
¼ Sellerieknolle, 1 kleine Zwiebel,
1 Lorbeerblatt, etwas Rosmarin,
etwas Salbei, 5 Wacholderbeeren,
1 EL Mehl, Saft von 1 Zitrone,
⅛ l Weißwein, 3 EL saurer Rahm,
einige Kapern

Den Hahn 24 Stunden in Milch legen, abtrocknen, salzen und mit Speckscheiben einbinden. Im Fett das grob zerteilte Wurzelwerk anrösten, den Hahn dazugeben, Lorbeerblatt, Rosmarin, Salbei, Wacholderbeeren zufügen und in 1–1½ Stunden unter fleißigem Begießen bei ca. 200 °C im vorgeheizten Ofen braten. Den Hahn herausnehmen und warm stellen. Die Sauce mit Mehl anstauben, Zitronensaft, Weißwein und sauren Rahm dazugeben, gut durchkochen lassen. Durchpassieren und einige Kapern beifügen. Die Sauce über den in Stükke geschnittenen Spielhahn geben. Reis oder Kartoffelkroketten dazu reichen.

Gemüse
und Salate

Wohl in keinem anderen deutschsprachigen Land gibt es das ganze Jahr über solch eine Fülle von köstlichen, frischen Gemüsen und herrlichem Obst wie bei uns in Südtirol. Ein Gang über den Obstmarkt von Bozen ist eine Augenweide, ob es nun im Frühling, Sommer, Herbst oder Winter sei. Von den prächtig rotbackigen Kalterer Böhmern bis zu den leuchtend-gelben, aromatischen Golden Delicious sind alle Apfelsorten das ganze Jahr vertreten. Am sehenswürdigsten ist der Obstmarkt im September–Oktober, wenn die blauen Trauben von den Ständen lachen, Trauben, die die ganze Südtiroler Sonne im Überfluß in sich aufgespeichert haben.

Schon im April bekommt man zarten, wohlschmeckenden Spargel. Salate jeder Art werden das ganze Jahr angeboten und eine wundervolle Auswahl an Gemüsen, die der Hausfrau das abwechslungsreiche Kochen sehr erleichtern. So gibt es auch unzählige Rezepte für gute Gemüse-, Salat- und Obstspeisen.

Oft hat es mich schon gewundert, daß in Deutschland der so wohlschmeckende, spät schießende, krachige Brasilianersalat nicht angebaut wird. In unserer Höhe von 1500 m wächst er noch prachtvoll und bildet feste, große Köpfe. Bis tief in den September hinein haben wir im Garten diesen guten Salat. Mit frischen Kräutern angemacht, ist er ein Essen für sich.

Ebenso sind die Zucchini, die auch in jedem Klima wachsen, eine große Bereicherung des Speisezettels. Es gibt eine Vielfalt von Rezepten. Dieses Gemüse sollte sich nördlich der Alpen viel mehr einbürgern.

Einem unserer Gäste mußte ich einen rohen Zucchino zeigen, und wir konstatierten, daß er eine Kreuzung von Gurke und Kürbis sei. Er verfaßte darauf folgendes nette Gedicht:

> *Ein Kürbis liebte eine Gurke*
> *Im Etschtal oberhalb Tramin.*
> *Nachts kroch er zu der Gurkenmurke,*
> *Die Gurke liebte ja auch ihn.*
>
> *Hier tranken sie Gewürztraminer;*
> *Der Kürbis sagte: »Sehr zum Wohl«,*
> *Und seiner Gurkenbraut erschien er*
> *Als schönster Kürbis von Tirol.*
>
> *Sie kreuzten sich und bastardierten*
> *nach Gurken- und auch Kürbisfrist*
> *Zucchino, der nun im verzierten*
> *Salat der Etsch zu finden ist.*

Ratatouille

Für 6–8 Personen
½ Zwiebel, Öl, 1 kg Zucchini,
2 Melanzane (Auberginen),
800 g Tomaten, 2 Paprikaschoten,
viele Kräuter, 1 Knoblauchzehe, Salz,
Fleischbrühe

Die Zwiebel würflig schneiden und in
Öl dünsten. Die geschälten, kleingeschnittenen Zucchini und Melanzane
dazugeben, bei starker Hitze anrösten. Dann die zerteilten Tomaten, die
in Streifen geschnittenen Paprikaschoten sowie die gehackten Kräuter, den
zerdrückten Knoblauch, Salz und etwas Fleischbrühe zufügen. Alles ungefähr ½ Stunde offen schmoren.

Fenchelgratin

4 kleine Fenchelknollen,
Butter für die Form,
Butterflöckchen zum Belegen

Béchamelsauce: 1½ EL Fett,
1 EL Mehl, ½ Tasse Milch, 1 Eigelb,
2 EL geriebener Käse, Salz,
Muskatnuß

Die äußeren Schalen der Fenchelknollen entfernen und die Knollen in fingerdicke Scheiben schneiden (das
Blattgrün fein schneiden und beiseite
legen). Die Fenchelscheiben in wenig
Wasser weich kochen, dann dachziegelartig in eine gut gebutterte niedere
Auflaufform legen. Aus Fett, Mehl und
Milch eine Béchamelsauce bereiten,
vom Herd nehmen und verfeinern mit

Eigelb, Fenchelgrün und geriebenem
Käse. Mit Salz und Muskat abschmek-
ken. Die Sauce über die Fenchelscheiben gießen, Butterflöckchen obenauf
setzen. Im Ofen bei 220–250 °C schön
goldbraun überbacken.

Rohkost-Tomaten

5 große Tomaten,
Salz, 2 Äpfel,
100 g gelbe Rüben,
1 Prise Zucker,
1 EL Tomatenmark,
etwas Mayonnaise,
1 hartgekochtes Ei,
Gewürzgurke

Die Tomaten aushöhlen und ein wenig Salz einstreuen. Äpfel und gelbe
Rüben reiben, mit Salz, Zucker, Tomatenmark und Mayonnaise vermischen
und in die ausgehöhlten Tomaten füllen. Mit einer Eischeibe und einer Gur-
kenscheibe bedecken.

Tomaten mit Mozzarella

4 Tomaten, 2 Stück Mozzarella,
Salz, Pfeffer, einige Löffel Olivenöl,
einige Basilikumblätter

Die Tomaten in ½ cm dicke Scheiben
schneiden, ebenso die Mozzarella-
stücke. Auf jede Tomatenscheibe eine
Scheibe Mozzarella legen, salzen,
pfeffern, mit Olivenöl beträufeln und
ein Basilikumblatt darauflegen.
Eine schnell herzustellende Vorspeise,
besonders im Sommer.

Gratinierte Tomaten

5 Tomaten, Öl,
Salz, Pfeffer,
etwas Petersilie,
wenig Knoblauch,
Basilikum, Pfefferminzblätter,
2 EL Semmelbrösel,
50 g geriebener Parmesan

Schöne, nicht zu weiche Früchte halbieren, die Hälften nebeneinander in eine feuerfeste, mit Öl ausgepinselte Form legen, die Schnittflächen nach oben. Die Schnittflächen mit Salz, Pfeffer und feingehackten Kräutern überstreuen, mit etwas Öl übergießen, Brösel und Parmesan daraufgeben. Die Form in den heißen Ofen schieben und die Tomaten ungefähr 20 Minuten bei 220–250 °C gratinieren.

Pikante Tomatenbrote

5 Scheiben Kastenbrot,
50 g Sardellenbutter,
5 Tomaten,
5 dünne Käsescheiben, 3 EL Mehl,
2 Eigelb, Muskatnuß,
Petersilie, Salz,
ein wenig Weißwein

Das Kastenbrot mit Sardellenbutter bestreichen, darauf Tomatenscheiben legen und mit Käsescheiben bedecken. Aus Mehl, Eigelb, Muskat, Petersilie, Salz und Weißwein einen dickflüssigen Teig bereiten, über den Käse streichen und die Brote im heißen Ofen schnell goldbraun backen.

Gefüllte Tomaten

500 g Tomaten, Salz, 3 Eier,
100 g geriebener Parmesan,
etwas Rahm, Petersilie,
Butter für die Form

Die Tomaten aushöhlen und innen leicht mit Salz bestreuen. Die ganzen Eier mit Käse, Rahm und Petersilie verschlagen, in die Tomaten einfüllen. In eine gebutterte, niedere Auflaufform die Tomaten nebeneinanderstellen und bei guter Oberhitze backen, bis die Fülle überkrustet ist.

Tomatenpizza mit Mürbteig

Mürbteig: 200 g Mehl,
100 g Margarine, 1 Eigelb,
1 EL saurer Rahm, 1 Prise Salz,
Butter für die Form

Belag: 3–4 EL geriebener Käse,
1 kg Tomaten, 8 Sardellenfilets,
etwas Origano, Salz, Pfeffer

Aus Mehl, Margarine, 1 Eigelb, Rahm und Salz einen Mürbteig kneten und 1 Stunde kalt stellen. Anschließend den Teig ausrollen und eine gut gefettete Springform (Teigrand nicht vergessen) damit auslegen, ein paarmal mit einer Gabel einstechen. Geriebenen Käse auf den Teig streuen, die geviertelten Tomaten darauflegen und in die Zwischenräume Stückchen der Sardellen setzen. Origano, Salz und Pfeffer darüberstreuen. Im vorgeheizten Ofen bei 180–200 °C gut 20–30 Minuten backen.

Zucchini mit Tomaten

Foto

600 g Zucchini, ½ Zwiebel,
100 g Speck, Öl, 3 Tomaten,
Salz, Pfeffer, 1 Prise Zucker,
einige Basilikum- und
Majoranblätter

Die ungeschälten, in Scheiben geschnittenen Zucchini und die kleingehackte Zwiebel in feingewürfeltem
Speck und Öl 5 Minuten anrösten. Die
in Achtel geschnittenen Tomaten, Gewürze und Kräuter zufügen und alles
zusammen fertigdünsten.
Als Beilage zu Naturschnitzeln.

Zucchini mit Eiern

600 g Zucchini, Öl, Salz,
100 g geriebener Parmesan, 4 Eier,
Petersilie und andere frische Kräuter

Die Zucchini schälen, in kleine Würfel
schneiden, ins heiße Öl geben und
bei guter Hitze unter ständigem Rühren weich braten, dann erst salzen.
Die mit Parmesan verschlagenen Eier
und die Kräuter darübergeben. Die
Masse unter mehrmaligem Umrühren
bei kleiner Hitze leicht stocken lassen.
Ein leichtes, sommerliches Gericht.

Zucchini-Nudel-Gratin

Tomatensauce: 500 g frische Tomaten
(oder eine kleine Dose
Tomatenmark),
1 Zwiebel,
1 Lorbeerblatt,
etwas Wasser,
1 TL Stärkemehl,
Salz,
Pfeffer,
1 Prise Zucker,
1 EL Butter

*Gebackene Zucchini
(siehe rechts),*
300 g Nudeln,
Butter für die Form,
eine Handvoll Topfen
(Quark),
50 g Parmesan

Die in Scheiben geschnittenen Tomaten mit gehackter Zwiebel und Lorbeerblatt in wenig Wasser weich dünsten, durch ein Sieb streichen und wieder zum Kochen bringen. Das in kaltem Wasser angerührte Stärkemehl in die Sauce rühren, die Gewürze und zum Schluß die frische Butter zugeben.
Die Zucchini backen und die Nudeln kochen. Den Topfen glattrühren.
In eine gebutterte, feuerfeste Form eine Lage gebackene Zucchini geben, darauf eine Lage Nudeln, dann etwas Tomatensauce, dann Topfen und so fort, bis alles verwendet ist. Obenauf den geriebenen Parmesan streuen und einige Butterflocken daraufsetzen. Bei 220–250 °C 20 Minuten gratinieren.

Gebackene Zucchini

600 g Zucchini, Salz,
Mehl, 2 Eier,
100 g geriebener Parmesan, Öl

Die Zucchini mit einem Tuch abreiben, der Länge nach in Scheiben schneiden und ½ Stunde mit Salz bestreut stehen lassen. Dann gut abtrocknen, in Mehl wälzen, die Eier mit dem Parmesan verschlagen und die bemehlten Zucchini darin wenden. In heißem Öl backen.
Mit Tomatensauce eine vorzügliche Speise.

Gefüllte Zucchini

600 g Zucchini

Fülle: 200 g Hackfleisch
(halb Kalb-, halb Schweinefleisch),
1 alte Semmel,
½ Zwiebel,
etwas Petersilie,
1 Eigelb, Salz, Pfeffer,
Öl, etwas Speck, Butter

Die ungeschälten Zucchini der Länge nach durchschneiden und etwas aushöhlen.
Aus Hackfleisch, eingeweichter Semmel, angedünsteten Zwiebelwürfeln, gehackter Petersilie, Eigelb, Salz und Pfeffer eine Fülle bereiten. Die Zucchini füllen und in eine Kasserolle geben, worin Öl, Speck, Butter schon erhitzt wurden. Mit flüssiger Butter übergießen, zudecken und langsam weich dünsten.

Zucchinisalat

600 g junge Zucchini, Salz

Marinade: Öl, Zitronensaft,
Salz, Pfeffer,
ganz wenig zerdrückter Knoblauch,
etwas Zwiebel und Kräuter
nach Geschmack

Die Zucchini mit einem Tuch abreiben, nicht schälen, in mittelgroße Würfel schneiden, in Salzwasser kochen und abseihen.
Marinade aus den angegebenen Zutaten rühren und gut mit den abgekühlten Zucchini vermengen.
Beilage zu allen Fleischmahlzeiten.

Lauch gratiniert

2–3 Lauchstangen, Salz,
50 g Butter,
etwas Fleischextrakt,
3 EL Tomatenmark, Pfeffer,
2 EL geriebener Parmesan,
5 dünne Käsescheiben

Lauch putzen, in 5 cm lange Stücke schneiden, in Salzwasser 10 Minuten kochen, abgießen. Butter zergehen lassen, den abgetropften Lauch hineingeben, leicht anrösten. Fleischextrakt in etwas Wasser auflösen und darübergeben, ebenso Tomatenmark, Salz und Pfeffer, ½ Stunde dünsten lassen. Den Lauch in eine Auflaufform schichten, mit Parmesan bestreuen, mit dünnen Käsescheiben bedecken, den Sud darübergießen, 15 Minuten bei 220–250 °C im Ofen überbacken.

60

Gefüllte Peperoni
(Paprikaschoten)

Fülle: 250 g Hackfleisch, 1 Zwiebel,
2 Eier, 2 EL geriebener Käse,
70 g gekochter Reis,
2 EL geschmolzene Butter, Salz,
Pfeffer, gehackte Petersilie

6 Peperoni, Butter für die Form,
3 EL Öl

Das Hackfleisch mit der feingehackten Zwiebel anbraten und mit den restlichen Zutaten vermischen.
Von den Peperonis an der Spitze einen Deckel abschneiden, Stiel, Kerne und Zwischenhäute sorgfältig entfernen, innen und außen waschen. Die Fülle hineingeben und nebeneinander in eine gebutterte Auflaufform setzen. Mit Öl beträufeln und zugedeckt im vorgeheizten Ofen bei 220 °C 30 Minuten garen.

Steinpilzpudding

½ Zwiebel, 1 EL Butter,
2 Semmeln, 1 Tasse Milch,
½ kg Steinpilze,
2 Eier, getrennt, Salz

Die feingeschnittenen Zwiebeln in Butter goldgelb dünsten. Die in Milch geweichten, ausgedrückten Semmeln dazugeben und einige Minuten weiterdünsten. Wenn erkaltet, die feingehackten, gedünsteten Pilze, die Eigelb, die zu steifem Schnee geschlagenen Eiweiß und 1 EL Milch dazugeben und gut mischen. Die Masse in

eine gut gebutterte Puddingform füllen und ½ Stunde im Wasserbad kochen. Nach dem Anrichten mit heißer, brauner Butter übergießen.
Eine leichte Vorspeise oder auch ein Zwischengericht.

Spinatpudding

100 g Butter,
4 Eigelb,
180 g gekochter Spinat (roh 500 g),
Salz, Petersilie,
2 Semmeln,
1 Glas Milch,
½ Glas saurer Rahm,
4 Eiweiß,
30 g Semmelbrösel,
Butter und Mehl für die Form,
Butter und Semmelbrösel
zum Bestreuen

Die Butter schaumig rühren. Nach und nach mit dem Eigelb, dem in Salzwasser gekochten, ausgedrückten, passierten Spinat, etwas Petersilie, den in Milch erweichten, gut ausgedrückten Semmeln, saurem Rahm, Salz, den zu steifem Schnee geschlagenen Eiweiß und den Semmelbröseln verrühren. Dieses Gemenge in eine reichlich befettete, bemehlte Puddingform füllen, verschließen und im Wasserbad 1 Stunde garen. Den aus der Form gestürzten Pudding mit in Butter gerösteten Semmelbröseln bestreuen.

Variation
Man kann den Pudding auch mit gekochtem, gehacktem Schinken umlegen und Tomatensauce dazu reichen.

Gebackener Blumenkohl

Für 6–8 Personen
Weinteig: 1 Glas Weißwein,
120 g Mehl, Salz, 1 EL Öl,
Schnee von 2 Eiweiß

1½ kg Blumenkohl, Salz, Fett zum
Ausbacken

Weißwein mit Mehl, Salz und Öl gut verrühren, zuletzt den Eischnee unterziehen.
Den Blumenkohl in nicht zu kleine Rosen teilen, und diese 10 Minuten im Salzwasser kochen, gut abtropfen lassen. In Weinteig tauchen, in heißem Fett schwimmend backen und auf Küchenpapier abtropfen lassen.
Sehr gut geeignet für eine Gemüseplatte.

Spinat-Schinken-Gratin

1 kleine Zwiebel, 100 g Schinken,
50 g Butter,
2 Eier, 2 EL Milch,
Salz, Pfeffer,
500 g gekochter Spinat,
Butter für die Form,
geriebener Käse und Butter

Zwiebel und Schinken fein hacken und in der Butter leicht rösten. Eier und Milch verrühren, würzen, mit in die Pfanne geben und sofort den abgetropften Spinat unterheben. Alles in eine gebutterte Form füllen, mit Reibkäse bestreuen und mit Butterflöckchen belegen. Kurz bei 220–250 °C im vorgeheizten Ofen überbacken.

Gemüseauflauf

Foto

70 g grüne Erbsen,
120 g Rosenkohl,
200 g Blumenkohl,
100 g gelbe Rüben,
Salz, 50 g Champignons,
1 EL Butter,
Butter für die Form

Béchamelsauce: 60 g Butter,
60 g Mehl, 1½ Glas Milch,
5 Eier, getrennt, Salz

Erbsen, Rosenkohl, in kleine Röschen
zerteilter Blumenkohl und nudlig geschnittene gelbe Rüben in Salzwasser
weich kochen, blättrig geschnittene
Champignons in Butter dünsten.
Aus Butter, Mehl und Milch eine dicke
Sauce bereiten. Nach dem Erkalten
mit Eigelb, Salz und den zu steifem
Schnee geschlagenen Eiweiß vermischen. Die gekochten, ausgekühlten
Gemüse und Champignons unterheben. Das Ganze in eine gut gefettete
Auflaufform füllen und im Ofen bei
220 °C ungefähr ¾ Stunden backen.
Auch beliebige andere Gemüse sind
in dem Auflauf verwendbar.

Artischockenböden

10 Artischocken,
Öl,
1 Knoblauchzehe,
Petersilie,
Pfeffer, Salz

Alle Blätter der Artischocken entfernen, so daß nur noch die Böden bleiben. Reichlich Öl in eine Kasserolle
geben, den zerdrückten Knoblauch,
viel gehackte Petersilie und die Böden
einfüllen, mit Pfeffer und Salz bestreu-
en. Reichlich heißes Wasser aufgießen, 40 Minuten dünsten lassen, bis
die Flüssigkeit vollkommen einge-
kocht ist.
Als Vorspeise oder kleines Zwischengericht geben.

Gebackene Selleriescheiben

Foto

Halbzentimeterdicke, in Salzwasser gekochte Sellerriescheiben leicht abtrocknen, in Mehl, Ei und Semmelbröseln panieren und in heißem Öl goldgelb backen.
Sie eignen sich als Beigabe zu gebratenem oder gedünstetem Fleisch.

Apfelsalat mit Schinken

100 g Schinken, 3 große, säuerliche Äpfel, Essig, Öl,
1 EL gewiegte Zwiebel

Schinken in Würfel schneiden, ebenso die geschälten Äpfel. Mit Essig, Öl und den Zwiebeln anmachen.

63

Salat Verena

500 g Nudeln, Salz,
10 schwarze Oliven,
3 Stengel vom Stangensellerie,
10 Blätter frisches Basilikum,
½ Zwiebel, 3 Tomaten,
1 kleine Dose Thunfisch,
2 Paprikaschoten (gelb und grün),
Öl, Essig,
Salz, Pfeffer

Die Nudeln in viel Salzwasser kochen (nicht zu weich), mit kaltem Wasser abschrecken und kalt werden lassen. Die Oliven entsteinen und in kleinere Stücke schneiden. Den Sellerie zerkleinern. Basilikum und Zwiebel fein wiegen. Die geschälten Tomaten in Würfel schneiden. Den Thunfisch in kleine Stücke teilen. Die Paprikaschoten waschen, entkernen und in Streifen schneiden. Alles mit den Nudeln mischen und mit viel Öl, Essig, Salz und Pfeffer anmachen. Mindestens 1 Stunde bis zum Anrichten in den Kühlschrank stellen.

Salat Konstantin

100 g Mortadella (oder eine
Schinkenwurst), 100 g Käse,
50 g geraspelter, roher Sellerie,
1 geriebene Zwiebel, 1 EL Kapern,
Salz, Pfeffer, 2–3 EL Mayonnaise

Mortadella und Käse in feine Streifen schneiden. Mit Sellerie, Zwiebel, Kapern, Salz, Pfeffer und Mayonnaise vermischen. 1 Stunde ziehen lassen, auf Toast anrichten.

Paprikasalat

5 Paprikaschoten (rot, gelb, grün),
½ Zwiebel,
2 große, säuerliche Äpfel,
Essig, Öl, Salz

Die Paprikaschoten sorgfältig von Stiel, Kernen und Scheidewänden befreien und in feine Streifen schneiden. Zwiebel fein hacken, Äpfel schälen, entkernen und auch in Streifen schneiden. Alles mit Essig, Öl und etwas Salz vermischen.

Pikanter Kartoffelsalat

750 g speckige Kartoffeln,
2 EL Kapern,
5 kleine Essiggurken,
einige Perlzwiebeln,
5 Sardellenfilets,
ein Stück von einer Selleriestange,
2 hartgekochte Eier,
Öl, Essig,
Salz, Pfeffer

Die Kartoffeln in der Schale kochen, abpellen, in Scheiben schneiden und noch warm einige Stunden vor dem Essen anmachen: Kapern, Gurken, Zwiebelchen, Sardellen, Sellerie und Eier fein wiegen. Mit viel Öl, wenig Essig, Salz und Pfeffer mischen. Über die Kartoffelscheiben gießen; durchheben und mindestens 2 Stunden warm durchziehen lassen.
Im übrigen gilt das Sprichwort: »Salat will Öl vom Verschwender, Essig vom Geizhals, Salz vom Weisen, und einen Narr, der ihn mischt«.

Hühnersalat

Mayonnaise: 2 Eigelb,
¼ l Öl, Senf,
Salz, Pfeffer,
1 EL Essig oder Zitronensaft

½ Huhn (gekocht oder gebraten,
gute Resteverwertung),
100 g Champignons, einige Kapern,
3 EL Rahm, 3–4 Pfeffergurken

Die Eigelb mit einem kleinen Schneebesen in einer Porzellanschüssel gut
verrühren, unter ständigem Rühren
das Öl zuerst tropfenweise, dann in
dünnem Strahl dazugeben, sehr flei-
ßig weiterrühren, zum Schluß etwas
Senf, Salz, Pfeffer und Essig zufügen.
Das Hühnerfleisch in kleine Würfel
schneiden, mit den leicht gebratenen
Champignons, den Kapern, der Mayonnaise, Rahm und den fein aufgeschnittenen Gürkchen vermischen.

Sauerkrautsalat

500 g Sauerkraut,
2 säuerliche Äpfel,
1 Essiggurke,
etwas Schnittlauch,
Petersilie, Kümmel,
Öl, Salz

Das rohe Sauerkraut mit einer Gabel
auflockern. Die würflig geschnittenen
Äpfel und Gurke, feingeschnittenen
Schnittlauch, Petersilie und Kümmel
daruntermischen. Öl untermischen,
Salz nach Geschmack darangeben.

Sellerie-Gelbe Rüben-Salat

1 Sellerieknolle, 250 g gelbe Rüben,
Salz, 2 Äpfel, 2 Orangen

Marinade: 2 EL Öl,
1 Messerspitze Senf,
Saft von 1 Zitrone, 1 EL Zucker,
etwas Salz und Pfeffer

Sellerie schälen, gelbe Rüben scha-
ben, beide in kleine Würfel schneiden
und in Salzwasser weich kochen. Mit
den kleingeschnittenen Äpfeln und
Orangen vermengen.
Aus den angegebenen Zutaten eine
Marinade rühren, über den vorbereiteten Salat gießen und gut vermischen.

Weiße Bohnen in würziger Tomatensauce

3 EL Öl, 2 Knoblauchzehen,
3 Tomaten, 3 Salbeiblätter, Salz,
Pfeffer, ¼ l Wasser oder Brühe,
250 g gekochte weiße Bohnen

Im heißen Öl die Knoblauchzehen
bräunen, wieder herausnehmen, da-
für die kleingeschnittenen Tomaten,
die gehackten Salbeiblätter und die
Gewürze sowie Wasser oder Brühe
zugeben und bei schwacher Hitze leise kochen lassen, ungefähr 15 Minuten. Die abgetropften Bohnen in die
Sauce geben, noch 10 Minuten leicht
kochen lassen.

St. Magdalena im Villnößtal, ▷
im Hintergrund die Geislergruppe.

An einem schönen Apriltag des Jahres 1927 erklärte mir mein Mann, »heute fahren wir ins Unterland«. Wir waren gerade zwei Monate verheiratet. Um unseren Zirmerhof in Radein, auf 1560 m Höhe, lag noch tiefer Schnee, und ein eisiger Nordwind fegte ums Haus. Unten zu unseren Füßen lag das Etschtal im schönsten Frühlingsglanz, ein rosafarbener Schimmer und frisches Grün lagen über dem ganzen Land.

Der »alte Fritz«, unser wohlgenährter Haflinger, wurde aus dem Stall geführt, mein Mann nahm ihn am Zügel und bergab ging's eine Stunde lang den steilen Bergweg nach Kaltenbrunn. Dort stand unser Kütschlein im Schuppen. Bald konnte die Fahrt losgehen. Da ja 1927 noch ganz wenig Autoverkehr auf der Fleimstalstraße war, gestaltete sich unsere Fahrt aufs Schönste. Je weiter wir hinabkamen, desto frühlingshafter und milder wurde es. In Kaltitsch erfreuten uns die Wiesen und Lärchen in ihrem zarten Grün. Die goldgelben Schlüsselblumen und die Vergißmeinnicht weckten in mir schöne Erinnerungen an die deutschen Frühlingswiesen in Franken, meiner ursprünglichen Heimat. Nun kam Montan, das herrliche Schloß Enn grüßte herüber. Dort beginnt der südliche Zauber der Landschaft. Nur wer vom Norden kommt, begreift ganz die Schönheit dieses Landes. Man hat ein gesteigertes Lebensgefühl in dieser Helligkeit des Lichtes, in dieser unerschöpflichen Fruchtbarkeit der Täler, und doch ist man umgeben von machtvollen Bergen.

»Hier zweigt nun die Straße nach Neumarkt ab, die schöne, breite Fleimstalstraße führt nach Auer,« erklärte mein Mann. »Ja, da haben die Neumarkter Stadtväter in der Mitte des vorigen Jahrhunderts einen großen Fehler begangen. Die Generalgemeinde des Fleimstales wollte, als in den fünfziger Jahren des vorigen Jahrhunderts die Südbahn von Bozen bis Verona gebaut wurde, eine große Zufahrtsstraße aus eigener Tasche erstellen. Die nächste und natürlichste Route wäre über Neumarkt gegangen, doch der Plan stieß bei den Neumarktern auf heftigen Widerstand. So mußte sie nach Auer geführt werden, ein großer Umweg und Verteuerung des Projektes. Erst viel zu spät erkannten die Neumarkter ihren Fehler. Der ganze Verkehr ging nun über Auer, auch wurde dort eine Schnellzugsstation geschaffen. Neumarkt mußte dann später auf eigene Kosten die Zufahrtsstraße bauen, die Verbindung zur Fleimstalstraße.

Noch eines muß ich dir erzählen. Du siehst doch da unten die Etsch, ein gerades, silbernes Band. Das war noch anfangs dieses Jahrhunderts ganz anders. Da floß sie in unzähligen Windungen durch das Tal, und fast die ganze Flußniederung war sumpfig und unfruchtbar. Gerade Neumarkt war durch diese Sümpfe ständig von der Malaria, dieser schweren Krankheit, heimgesucht. In den alten Kirchenbüchern wurde das ›Faulfieber‹, wie man damals die Malaria nannte, als häufigste Todesursache angegeben. Durch die Stechmücken, die in den Sümpfen ihre Brutstätten hatten,

wurde diese Krankheit ständig weiterverbreitet. Gott sei Dank ist das alles vorbei. Du siehst an Stelle der Sümpfe nun die herrlich blühenden Obstbäume. Ein Paradiesgarten ist aus diesen unwirtlichen Mösern geworden.« Im munteren Trab ging es nun Neumarkt zu. Die Blütenfülle wurde immer üppiger, besonders das zarte Rosa der Kaltererböhmer war eine Augenweide. Der Kirchturm von St. Nikolaus, der alten, schönen Kirche, grüßte herauf. Über die Mauern der behäbigen Besitze rankten sich die blaulila Dolden der Glyzinien, die hohen Magnolien hatten ihre weißen Kerzen aufgesteckt. Für mich eine neue Welt! Die alte Laubengasse durchfuhren wir und machten Halt vor einer großen Kellerei. Wir wurden freudig vom Besitzer begrüßt und bald in die ausgedehnten, tiefen Kellerräume geführt. Herrliche, geschnitzte Holzfässer gab es da, mit den besten Sorten gefüllt. Nun begann das Verkosten. Mein Mann, ein guter Weinkenner, wollte sich besonders gute Sorten für unseren Gastbetrieb im Sommer aussuchen. Zuerst wird das Glas gegen das Licht gehalten, um die Klarheit und Farbe des Weines zu prüfen. Dann tritt der Geruchsinn in Tätigkeit, und nun wird langsam schlürfend probiert.
Was für eine Menge Sorten bietet doch das Unterland dem Weinkenner! Von den Weißweinen sind der Gewürztraminer, Weißburgunder und Ruländer hervorzuheben. Blauburgunder, Lagrein und Cabernet sind die besonders guten Rotweine. Die Lagenweine werden aus den Spielarten der Vernatsch gekeltert und erhalten je nach Lage und Hofname die Bezeichnungen.

Freundlichst werden wir nach der Weinkost zum Mittagessen eingeladen mit der Bemerkung, daß es nur einfache Neumarkter Hausmannskost gäbe. Gerade die interessierte mich besonders. Ich wollte doch einmal die Südtiroler Leibgerichte für meinen Mann kochen können, von denen ich natürlich noch keine Ahnung hatte. Nach einer kräftigen Fleischsuppe mit Nudeln gab es das Nationalessen des Unterlandes: Polenta mit frischen Hauswürsten und Sauerkraut. Es schmeckte mir ausgezeichnet. Von unserer liebenswürdigen Gastgeberin bekam ich die Rezepte:

Polenta

Für 6 Personen
2 l Wasser, Salz, 500 g Polentamehl, 1 große Tasse Milch

Vorbedingung ist ein kupferner Polentakessel, ein mäßiges Feuer und ein hölzerner Polentarührer.
In das kochende Salzwasser wird unter ständigem Rühren das Polentamehl eingemengt und dann langsam mindestens ½ Stunde weitergekocht. Es heißt, zum Polentakochen braucht man eine faule Dirn, die nur ab und zu rührt und wenig schürt. Zuletzt kommt dann noch die Milch hinein (wir auf dem Berg geben noch ein Stück Butter hinzu).

Vill bei Neumarkt. ▷

Hauswürste

Für 10 Kilo Wurstbrat ½ Rind-,
½ Schweinefleisch,
200 g Salz, 25 g Knoblauch, fein
gewiegt, 25 g Pfeffer, 10 g Salpeter

Zuerst Salz und Knoblauch zusammenmengen. Zusammen mit Pfeffer und Salpeter langsam dem Wurstbrat zusetzen und gut durchkneten. Dann in die Därme füllen und abbinden.

_____Zu diesem guten Essen wurde ein roter Tischwein getrunken. Als Abschluß gab es knusprige Apfelküchel. Ein starker »Schwarzer« beschloß die vorzügliche Mahlzeit. Gestärkt und befriedigt verließen wir das gastliche Haus, um noch andere Kellereien und Höfe zu besuchen. Überall durften wir die gleiche Gastlichkeit erleben. Ich war sehr angetan von den Bewohnern des Unterlandes.
Ein netter Vers von Carl Theodor Hoeniger kommt mir in den Sinn:

Zu Montan und Pinzon auf der
Villner Seiten
Und ober Neumarkt zur Mazon
in den Leiten
Gedeihen Weine besonderer Güte.
Der Blauburgunder steht hier
in Blüte,
Der blonde Gewürztraminer
nicht minder
Und ähnliche Etschländer
Sonnenkinder,
Von denen man unter den
Neumarkter Lauben
Die duftigsten sich kann
zusammenklauben.

Doch das schönste Erlebnis lag noch vor uns, der Besuch des Klosterhofes in Vill: Nicht sehr weit entfernt von Neumarkt liegt Vill, zu Fuß leicht zu erreichen. Die sehenswerte Villner Marienkirche, im 15. Jahrhundert erbaut, wurde unter Kaiser Joseph II. gesperrt und diente noch 1927 als Magazin und Heustadel. 1955/56 wurde sie durch die Initiative und das Kunstverständnis des langjährigen, verdienten Bürgermeisters von Neumarkt, Anton Pernter, vollständig renoviert und ihrer ursprünglichen Bestimmung wieder zugeführt. Sie ist ein bemerkenswert schöner Bau der Gotik mit wertvollen Fresken, einem römischen Grabstein sowie der Grabstätte der Payer von Kaldiff. Besonders sehenswert ist auch das gotische Sakramentshäuschen.
Dicht daneben liegt der Klosterhof, dem unser Besuch galt. Hohe Mauern umgeben ihn, man tritt durch das stattliche Tor in den Hof. Das große Wohnhaus liegt in der Mitte, dahinter ein ausgedehnter Garten, in dem nahezu alles wächst, was Auge und Gaumen erfreut. Vielhundertjahralte Kellerräume, in denen in besonders schönen Fässern die Villner Sortenweine lagern. Eine breite Steintreppe führt zu den Wohnräumen. Ein riesiger Vorsaal, geeignet, schöne Feste zu feiern, mit alten Bildern geschmückt, empfängt uns. Die Besitzer, ein jüngeres Ehepaar mit drei netten kleinen Kindern, empfangen uns aufs Herzlichste. Nach der Weinkost, die die Männer allein vornahmen, wurde uns im gemütlichen Wohnzimmer ein herrliches Mahl vorgesetzt.

In der milden Lage der Vill wachsen schon im April die besten Spargel, dazu eine Bozner Sauce und ein köstlicher Weißwein. Ein Göttermahl!! Als zweites Gericht gab es die besondere Spezialität des Unterlandes: einen »Tschutsch«. Wenn er richtig zubereitet und knusprig frisch gebacken auf den Tisch kommt, so kann man sich, mit Salat dazu, nichts Besseres denken.

Tschutsch

Für 4–5 Personen
300 g Mehl,
½ l und 1 Tasse Milch,
Salz,
50 g Speck, würflig geschnitten,
3 Eier

Mehl, Milch, Salz, Speck gut mischen, zum Schluß die ganzen Eier langsam unterziehen. In einer Reine etwas Öl sehr heiß werden lassen, die Masse hineingießen und 1 Stunde bei mäßiger Hitze backen. Dazu grünen Salat oder Sauerkraut servieren.

_____**A**ls Abschluß kam noch ein gemischtes Kompott, wohlschmeckende Erzeugnisse aus dem Garten.
An diesem Tag hatte ich Neumarkt kennen und lieben gelernt. Und in all den folgenden Jahren, besonders im Krieg, war ein freundschaftlicher Austausch zwischen Radein und Neumarkt. Radein wurde ein zweiter Ritten für die Neumarkter. Wenn die Sommersonne über dem Etschtal brütete und die Schulferien begannen, kamen die Kinder der Besitzer von Neumarkt in unsere luftige Höhe und erholten sich prächtig.

Besonders als der Krieg kam und das Etschtal von Bomben heimgesucht wurde, konnten wir in unserer leeren Fremdenpension verschiedene Familien aufnehmen. Milch und Butter unserer Kühe wurden von uns gerne geboten, Obst, Wein und Getreide waren eine willkommene Gegengabe. Ein freundlicher Austausch ging also hin und her.

Als wir am nächsten Tag mit unserem Rößlein wieder langsam unseren Berg hinauffuhren, überkam mich fast ein wenig Heimweh nach dem Frühlingstal. Bei uns dauerte es ja noch 4 Wochen, bis der Bergfrühling Einzug hielt.

Das schöne Gedicht von unserem bedeutenden Südtiroler Dichter soll der Abschluß unserer Fahrt ins Unterland sein:

Etschtal

Gott trug den Namen in
die Schönheit ein:
Verheißung denen, die der Sonne
warten,
Ein ewiger Traum von blauen
Frühlingsfahrten,
Tief in der Sehnsucht Land hinein.

Da leuchtest du, du holdes
Ostertal,
Und winkst mit deiner Hügel
weißen Blüten!
Hoch über abendlichen Burgen
glühen
Die Berge ein betörendes Fanal.

Obstmarkt in Meran.

Südtiroler Obstspezialitäten und Süßspeisen

»Da ist nun vor unserem Wirtshaus zur Sonne ein solcher Obstmarkt, als Ihr in euerm Leben nicht gesehen habt, Birnen, Quetschen, Weintrauben, Nüsse, Feigen …« – so schreibt Herder am 1. September 1788 aus Bozen an seine Kinder.
Was man aus diesen Früchten alles zaubern kann, sollen die folgenden Rezepte aus unserer Gegend zeigen.

Radeiner Apfelauflauf

*800 g Äpfel, etwas Konfitüre, Butter
für die Form, 140 g Butter, 5 Eier,
getrennt, 90 g Zucker, 4 entrindete,
in Milch geweichte Semmeln,
100 g Mandeln, etwas Zimt,
abgeriebene Schale von ½ Zitrone,
4 EL Rahm*

Die Äpfel schälen, Kernhaus ausstechen, das Loch mit einer guten Konfitüre füllen. Die Äpfel nebeneinander
in eine gut gebutterte Auflaufform
stellen. Butter schaumig rühren. Eigelb
und Zucker beigeben, weiterrühren.
Dann die ausgedrückten Semmeln,
die mit der Schale geriebenen Mandeln, Zimt, Zitronenschale und Rahm
zugeben. Zuletzt den steifgeschlagenen Schnee der Eiweiß unterheben.
Diese Masse über die Äpfel geben
und ¾ Stunden bei 180–200 °C im
Ofen backen.

Braune Apfelschnitten

*Mürbteig: 180 g Butter, 240 g Mehl,
60 g Schokolade, 60 g Zucker,
30 g Mandeln, 2 Eigelb,
1 Eiweiß zum Bestreichen,
Zucker und Zimt zum Bestreuen*

*Fülle: 100 g Zucker, ½ Glas Wasser,
abgeriebene Schale von ½ Zitrone,
750 g Äpfel*

Butter mit Mehl abbröseln, mit geriebener Schokolade, Zucker, den geriebenen ungeschälten Mandeln und Eigelb auf einem Brett zu einem Teig

verarbeiten. ½ cm dick auswalken, in
2 gleich große Rechtecke schneiden
und das eine auf einem Blech, das we-
der befettet noch bestaubt ist, bei
180–200 °C überbacken.
Zucker, Wasser und Zitronenschale
aufkochen. Die dünnblättrig geschnittenen Äpfel kurz darin dünsten, abkühlen lassen, auf die vorgebackene
Teigplatte streichen.
Das zweite Rechteck darüberlegen,
mit Eiweiß bestreichen und bei
200–220 °C fertigbacken. Ausgeküh-
len lassen, in beliebige Schnitten
schneiden, mit Zucker und Zimt bestreuen.

Calvilleäpfel
mit Meraner Creme

*5 Calvilleäpfel, ¼ l Weißwein,
2 EL Zucker*

*Creme: 6 Eigelb, 160 g Zucker,
1 Päckchen Vanillinzucker, 1 EL Rum,
1 Tasse Schlagrahm,
etwas Schokolade*

Die Äpfel schälen, halbieren, das
Kernhaus ausstechen und die Hälften
in Weißwein und Zucker weich dünsten, erkalten lassen. Je 2 Hälften in
Cremeschalen geben.
Eigelb mit Zucker und Vanillinzucker
½ Stunde schaumig rühren und dann
mit Rum und Schlagrahm vermischen.
Die Creme über die Apfelhälften gießen und die Cremeschalen ½ Stunde
(mindestens) in den Kühlschrank stellen. Vor dem Servieren mit geraspelter
Schokolade überstreuen.

76

Einfache Bratäpfel

5 gleichmäßig große Äpfel,
Butter für die Form,
etwas Konfitüre,
Butter zum Belegen

Die Äpfel waschen und das Kernhaus ausstechen (mit einem Kartoffelschäler geht es gut). Eine Auflaufform ausbuttern, die Äpfel hineinstellen und mit einer guten Konfitüre füllen. Butterflocken auf die Äpfel setzen, etwas Wasser in die Form gießen, kaum 2 cm hoch, und im Ofen bei 220 °C ca. 30 Minuten braten.
Sehr gut dazu ist eine kalte Vanillesauce.

Meraner Bratäpfel

5 schöne Äpfel,
2 EL Zucker,
nußgroßes Stück Butter

Creme: 150 g Schokolade,
1 Tasse Rahm, 50 g Zucker,
3 Eigelb

Die Äpfel schälen, Kernhaus ausstechen, etwas Zucker hineinstreuen. In eine Bratreine etwas Wasser und Butter geben, die Äpfel nebeneinander hineinsetzen und bei 220 °C in ca. 25 Minuten weich braten.
Im Wasserbad die Schokolade erweichen. Mit Rahm, Zucker und Eigelb (das Wasserbad darf nicht zu heiß werden!) dick schlagen und noch heiß über die angerichteten Bratäpfel gießen.

Apfelküchl

Backteig: ¼ l Milch, 180 g Mehl,
1 Prise Salz, 2 Eier, 1 EL Zucker,
1 EL Rum

750 g große Äpfel, Öl zum
Ausbacken, Puderzucker

Milch zunächst mit Mehl und Salz, dann mit den Eiern, Zucker und Rum zu einem dickflüssigen Teig verrühren.
Die Äpfel schälen, das Kernhaus ausstechen, in ½ cm dicke Scheiben schneiden. Die Scheiben in den Backteig tauchen und schwimmend in heißem Öl backen. Auf Küchenpapier abtropfen lassen und mit Puderzucker überstreuen. Möglichst direkt nach dem Backen servieren.

Tiroler Apfelschmarrn

4 altbackene Semmeln, Milch,
1 Ei, 30 g Sultaninen,
Saft und abgeriebene Schale
von 1 Zitrone, Salz,
2 EL Zucker,
250 g geschnitzelte Äpfel,
Backfett,
Zimt und Zucker zum Bestreuen

Die Semmeln entrinden, in Milch einweichen und anschließend breiig rühren. Mit den restlichen Zutaten gut vermischen. In einer heißen Pfanne in reichlich Fett backen, halbfertig mit zwei Gabeln in Stücke reißen, wenden, weiterbacken. Mit Zimt und Zucker bestreut servieren.

Apfel- oder Kirschauflauf

750 g Äpfel oder Kirschen,
Butter für die Form,
3 EL Zucker, 30 g Mandeln,
Zimt, 2 EL Rahm,
60 g Butter, 3 Eier, getrennt,
70 g Zucker, 100 g Mehl,
1 Tasse Milch,
abgeriebene Zitronenschale

Die Äpfel schälen, das Kernhaus ausstechen, in dünne Scheiben schneiden oder die Kirschen entsteinen. Das
Obst in eine gefettete Auflaufform legen, mit Zucker, geriebenen Mandeln
und etwas Zimt überstreuen, Rahm
darüberträufeln.
Die Butter schaumig rühren, Eigelb
und Zucker dazugeben, weiterrühren.
Zuletzt das gesiebte Mehl, Milch und
Zitronenschale sowie die zu steifem
Schnee geschlagenen Eiweiß darunterziehen. Diese Masse auf das Obst
geben. Anfangs bei schwacher
(150 °C), dann im Ofen bei guter Mit-
telhitze (180–200 °C) ¾–1 Stunde bakken.

Kirschenmännchen   Foto

750 g Kirschen,
100 g Butter,
4 Eier, getrennt,
125 g Zucker,
Saft und abgeriebene Schale
von ½ Zitrone,
100 g Semmelbrösel,
100 g geriebene Mandeln,
1 Gläschen Rum,
Butter für die Form

Die Kirschen entkernen. Butter und
Eigelb mit dem Zucker schaumig rühren. Saft und Schale der Zitrone, Semmelbrösel, Mandeln, Rum und die Kir-

schen (Sauerkirschen sind noch schmackhafter) hinzufügen. Zuletzt den steifgeschlagenen Schnee der Eiweiß unterziehen. Eine mit Butter ausgestrichene Auflaufform mit der Masse füllen und im Ofen bei 160–180 °C 1 Stunde backen. Heiß servieren.

79

Zirmer Pfirsiche

5 Pfirsiche,
60 g Makronen oder Kuchenreste,
2–3 EL Rum, 2 EL Zucker,
1 Ei, 60 g Schokoladenpulver
(oder 1 EL Kakao),
Butter zum Belegen
und für die Form,
Puderzucker

Die rohen, ungeschälten Pfirsiche halbieren, Kern und einen Teil des Fruchtfleisches mit einem Löffel herausnehmen. Die Makronen oder Kuchenreste in kleine Würfel schneiden und mit Rum tränken. Die gewonnene Pfirsichmasse zerdrücken und mit Zucker, Ei, Schokoladenpulver und den getränkten Makronen vermischen. Diese Masse in die ausgehöhlten Pfirsiche einfüllen und mit Butterflöckchen belegen. Die Pfirsiche nebeneinander in eine gebutterte Auflaufform setzen und 20–30 Minuten im Ofen bei 200–220 °C überbacken. Mit Puderzucker überstauben und noch warm servieren.
Man kann Weinschaumsauce (Seite 82) dazu reichen.

Schlosserbuben

500 g große, getrocknete Pflaumen,
50 g Mandeln,
Öl zum Ausbacken,
70 g dunkle Schokolade,
30 g Zucker

Backteig: Wie bei Apfelküchl
(Seite 77)

Die Pflaumen in Wasser halbweich kochen, die Kerne herausnehmen und eine geschälte Mandel hineingeben.
Die Pflaumen einzeln in den Backteig tauchen und schwimmend in heißem Öl backen, zum Abtropfen auf Küchenpapier legen. Solange die gebackenen Pflaumen noch heiß sind, in geriebener Schokolade, die mit Zucker vermischt ist, rollen.

Tutti Frutti

1 EL Rum, Gebäckreste,
250 g Dunstobst oder weiche,
rohe Früchte

Vanillecreme: 3 Eier, getrennt,
120 g Zucker,
70 g Stärkemehl, 1 l Milch,
1 Päckchen Vanillinzucker,
3 EL Schlagrahm

Die in Rum getränkten, würflig geschnittenen Gebäckreste in Cremeschalen oder Glasschüsselchen geben. Das würflig geschnittene Obst darauflegen.
Eigelb und Zucker schaumig rühren. Das angerührte Stärkemehl, kalte Milch und Vanillinzucker zugeben, bei nicht zu starker Hitze auf dem Herd abschlagen, bis die Masse einmal aufkocht. Sofort den steifen Eischnee unterziehen, etwas abkühlen lassen und dann den Schlagrahm untermischen. Die Creme über das Obst und Gebäck füllen und im Kühlschrank erkalten lassen. Nach Belieben mit Obst und Schlagrahm verzieren.

Quittenbrot

1 kg Quitten,
250 g Zucker,
250 g Bienenhonig,
1 Handvoll geschälte,
halbierte Mandeln, Öl

Die Quitten waschen, mit Kernhaus und Schale in kleine Stücke teilen, in wenig Wasser 2 Stunden kochen und durch ein Sieb passieren. Das Quittenmark mit Zucker und Honig so lange kochen, bis die Masse breit vom Löffel fällt. Die Mandeln dazugeben, gut unterrühren. Die Fruchtmasse 2 cm dick auf eine mit Öl befettete Porzellanplatte streichen, 24 Stunden kalt stellen, dann in Quadrate oder Dreiecke schneiden, trocknen lassen. Quittenbrot hält sich sehr lang.

Orangencreme

6 Eigelb,
200 g Zucker,
1–2 EL Rum,
Saft von 1 großen Orange,
Zitronenschale,
4 Blatt Gelatine,
³⁄₈ l Rahm

Eigelb und Zucker schaumig rühren. Rum und Orangensaft zufügen und weiterrühren. Die kalt eingeweichte und warm aufgelöste Gelatine hineingeben und zuletzt den geschlagenen Rahm unterziehen. In Gläser füllen, im Kühlschrank fest werden lassen und nach Belieben mit Schlagsahne verzieren.

Fürstencreme

¼ l Milch, ein Stück Vanilleschote,
4 Eigelb, 100 g Zucker,
½ EL Kartoffelmehl, 3 Blatt Gelatine,
1 EL Sultaninen, Rum, 12 Makronen
und 6 Biskuits, ¼ l Rahm

Milch, Vanille, Eigelb, Zucker und Kartoffelmehl bei nicht zu starker Hitze bis zum Kochen schlagen. Vom Feuer nehmen (Vanilleschote entfernen) und die kalt eingeweichte Gelatine darin auflösen. Die Sultaninen und die in Würfel geschnittenen und in Rum getränkten Makronen und Biskuits einrühren. Zuletzt den geschlagenen Rahm unterziehen. Die Creme in Gläser füllen, kalt stellen.

Reis Trauttmansdorff

100 g Rundkornreis,
1 l Milch, 25 g Zucker,
1 Päckchen Vanillinzucker,
2 EL Maraschino oder Rum,
⅛ l Rahm,
verschiedene gekochte Früchte,
4 Blatt Gelatine

Den Reis in der Milch mit Zucker und Vanillinzucker wie üblich kochen. Den abgekühlten Milchreis mit Maraschino oder Rum aromatisieren. Den geschlagenen Rahm unterziehen. Das in Würfel geschnittene Obst und die kalt eingeweichte und warm aufgelöste Gelatine untermischen. Alles in eine mit Wasser ausgeschwenkte Form füllen und im Kühlschrank 2–3 Stunden fest werden lassen.

Früchtepudding

220 g Kalbsnierenfett,
190 g Mehl,
190 g Zucker,
5 Eier,
einige EL Milch,
3 EL Rum,
½ geriebene Muskatnuß,
200 g Sultaninen,
200 g Weinbeeren,
60 g kleingehacktes Zitronat,
200 g Aprikosenkonfitüre,
4 geschälte, feingeschnittene Äpfel,
Butter für die Form

Weinschaumsauce: 4 Eier, getrennt
3–4 EL Zucker,
etwas abgeriebene Zitronenschale,
¼ l Weißwein,
Saft von ½ Zitrone

Das Kalbsnierenfett ganz fein aufschneiden, mit den restlichen Zutaten
gut vermischen. Die Masse in befettete Puddingform füllen, fest verschließen und im Wasserbad 2–3 Stunden
kochen.
Eigelb, Zucker und Zitronenschale
schaumig rühren. In eine Kasserolle
geben, Wein und Zitronensaft dazugießen und bei kleiner Hitze mit dem
Schneebesen dickschaumig schlagen.
Die steifgeschlagenen Eiweiß vorsichtig unter die ganz wenig abgekühlte
Sauce ziehen. Die Sauce separat zu
dem auf eine Platte gestürzten Pudding servieren.

Obstmarkt in Meran.

Obstspezialitäten und Süßspeisen

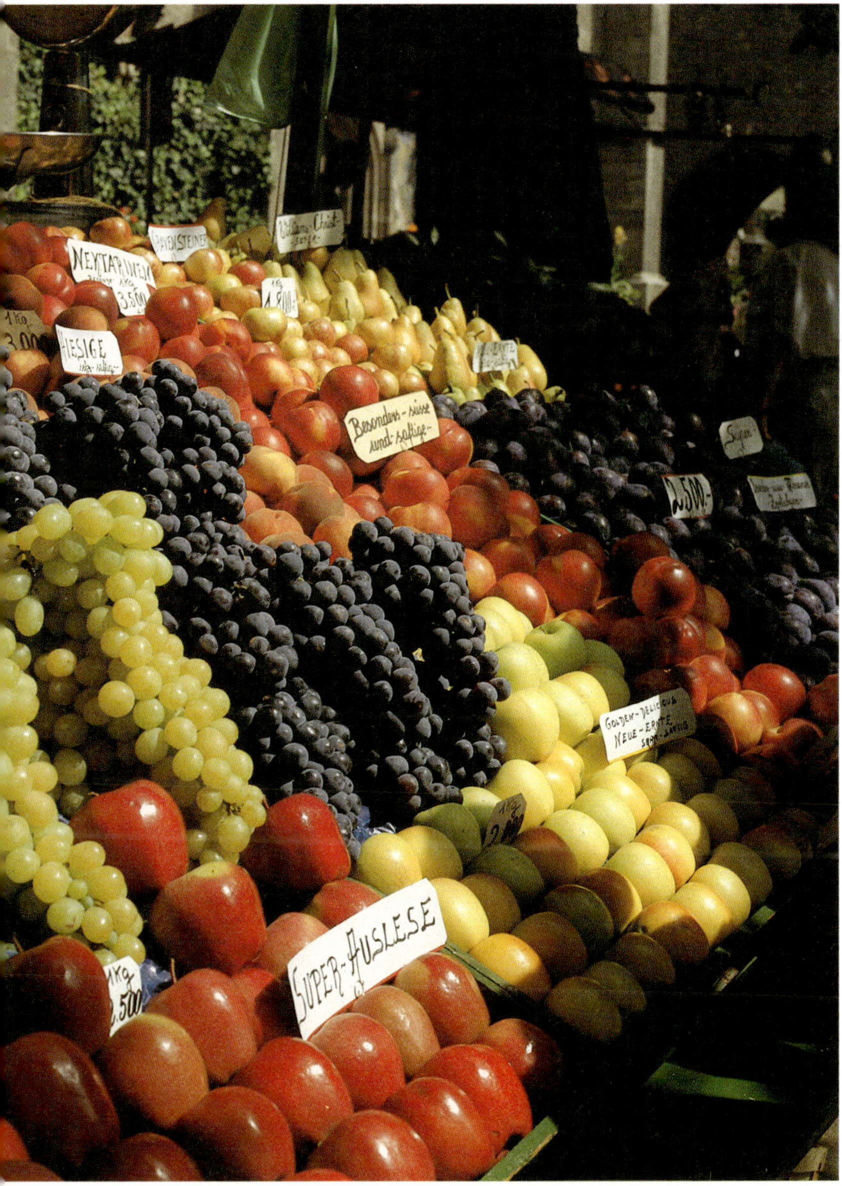

Schokoladenpudding
Warmer Dunstkoch

100 g Butter, 6 Eier, getrennt,
100 g Zucker,
100 g geriebene, nicht abgezogene
Mandeln,
100 g geriebene Schokolade,
3 entrindete, in Milch
geweichte Semmeln,
Butter für die Form

Die Butter schaumig rühren. Eigelb
und Zucker dazugeben und weiterrühren. Mandeln, Schokolade und die
ausgedrückten Semmeln daruntermengen und zuletzt den steifgeschlagenen Schnee der Eiweiß unterheben.
In eine gut gefettete Puddingform füllen, fest verschließen und ¾ Stunden
im Wasserbad kochen.
Dazu Vanillesauce oder Schlagrahm
reichen.

Berghof-Eisbecher

5 Portionen Vanilleeis,
200 g Mandelmakronen (Amaretti),
etwas Kirschwasser, 10 EL Rahm,
10 EL frische Himbeeren oder
Erdbeeren, etwas Schlagrahm

In Cremegläser je 1 Portion Vanilleeis
geben. Darüber einige kleingeschnittene, mit Kirschwasser getränkte Makronen, je 2 EL flüssigen Rahm und
Himbeeren oder Erdbeeren geben.
Mit einem langen Löffel in jedem
Kelch einmal herumrühren, so daß
das Ganze ein wenig vermischt wird,
und mit Schlagrahm garnieren.

Eisbecher Magdalena

1 kleines Glas eingekochte
Preiselbeeren,
Zitronensaft,
Zucker nach Geschmack,
4–5 Portionen Vanilleeis,
1 kleine Dose Birnen,
4 EL geschälte, gehackte Mandeln

Aus Preiselbeeren, Zitronensaft und
Zucker eine Sauce kochen. Das Eis in
Cremegläser füllen, darauf je 1 Birnen-
hälfte legen. Beim Anrichten die heiße
Preiselbeersauce darübergießen und
mit Mandeln bestreuen.

Die Kaiserkrone. Ölgemälde im Bozener Museum

Die Kaiserkrone

Im Jahre 1759 baute der Kaufmann Franz Anton Bock mit einem Aufwand von 70 000 Gulden in Bozen den Gasthof »Kaiserkrone«, der durch seine prunkvolle Ausstattung der erste der Stadt, ja des ganzen Landes wurde. Nicht nur Majestäten, sondern auch der Heilige Vater, Papst Pius VI., am 9. Mai 1782, stiegen in der Kaiserkrone ab. Auch im 19. Jahrhundert war die Kaiserkrone noch das führende Hotel, in dem Erzherzöge und der alte österreichische Adel sich aufhielten. In diesem Haus lernte vor 110 Jahren meine Schwiegermutter das Kochen. Ich besitze ein handgeschriebenes

Kochbuch von ihr mit den damaligen »Südtiroler Leibgerichten«, die in der Kaiserkrone zubereitet wurden.

Meine Schwiegermutter war durch die dort erworbenen Fähigkeiten in der Kochkunst im Stande, aus ihrem entlegenen Bauernhof vom Jahre 1890 an eine weithin bekannte Fremdenpension zu schaffen, die heute noch von ihren Nachkommen geführt wird.

Die meisten ihrer Rezepte sind nicht mehr geeignet für unseren heutigen Geschmack. Es ist auffallend, wie reich an Eiweiß, Fett und Kohlenhydraten die Speisen waren. Kartoffel- und Gemüsespeisen waren kaum vertreten.

(vermutlich von Anton Cuseth d. Ä.), ein fürstlicher Gasthof in Bozen.

Auch sind manche Zutaten nicht mehr oder nicht in dem Umfang zu bekommen, zum Beispiel muß es Krebse in großen Mengen gegeben haben. Unzählige Krebsrezepte sind in ihrem Kochbuch aufgezeichnet.

Krebs-Suppen

Den Krebslein werden die Schweiflein ausgezogen und das übrige im Mörser gestoßen, dann in Butter und Kräutlein abgeröstet, bis es Farbe bekommt. Dann gib es in einen Hafen und Erbsenbrühe daran und lasse es sieden, seihe sie und richt sie auf gebähtes Brot an und die Schweiflein hinein.

Das folgende Rezept dient als Zeichen, daß noch auf offenem Herd gekocht wurde.

Ein Vormaul zu richten

Schneide ein gesottenes Vormaul (Ochsenmaul) zu dünnen Schnitten, dann wiege einen Speck auf, zerlasse ihn, schitte ihn darauf, gieb auch dicken Rahm, Parmesankäs, Salz und Gewürz dazu, rühr alles untereinander, schmirbe eine Schüssel mit Butter, gib es darin, gib unten und oben Gluth.

Man kann sich schwer vorstellen wie man damals auf offenen Herden so mannigfaltige Gerichte herstellen konnte!!

Der Eierverbrauch war unglaublich. Da wird eine »Krafttorte« genannt mit folgenden Zutaten: 1 Pfund Zucker, 16 Dotter, 16 Schnee, 1 Pfund Mehl, Anis und Muskatblüte. Ein Gugelhupfrezept ist auch äußerst üppig.

Gugelhupf

Gies in einen Weidling 1 Pfund Mehl, drücke 2 Loth Germ in Milch ab und mache von der Hälfte Mehl ein Dampfl, gieb es in einen Weidling. ½ Pfund Butter rühre gut ab, gieb 10 Dotter einen nach den andern hinein, etwas Salz, 2 Loth Zucker. Wenn das Dampfl aufgegangen ist, gieb das Gerührte hinein und mache mit Milch einen hibsch weichen Teig an, schlage ihn sehr fein ab, gieb Weinbeeren und Rosinen dazu. Gieb ihn in ein Model, aber nur die Hälfte voll, lasse ihn gehen, bis er voll ist, und gib ihn in den Backofen.

Für unsere heutige Küche konnte ich wenige Rezepte übernehmen. Sehr gut ist der »Kastanienkoch« (Seite 108), der mit Eiern sparsamer umgeht. Der Früchtepudding auf Seite 82 stammt auch aus dem Kochbuch der Kaiserkrone. Vor einigen Jahren wurde das Haus sehr schön restauriert. Es befinden sich jetzt eine Bank und eine große Versicherungsgesellschaft in dem Gebäude. Im Erdgeschoß ist ein Restaurant »Zur Kaiserkron'«, wahrscheinlich waren hier die Küchen und Vorratsräume, die alten Gewölbe lassen darauf schließen.

Kuchen, Torten, Strudel und Zelten

Obstwagen zum Traubenfest in Eppan

Kuchen und Torten

Topfenkuchen

140 g Butter, 5–6 Eier, getrennt,
140 g Zucker, abgeriebene Schale von
¼ Zitrone, 140 g Topfen (Quark),
140 g Mandeln, Butter und Mehl für
die Form, Puderzucker

Die Butter schaumig rühren, Eigelb
und Zucker dazugeben, weiterrühren.
Dann Zitronenschale, den passierten
Topfen und die ungeschälten, geriebenen Mandeln daruntermischen.
Zum Schluß den steifen Eischnee unterziehen. Die Masse in eine gefettete,
bemehlte Tortenform füllen und im
vorgeheizten Ofen ¾ Stunden bei
200 °C backen. Den fertigen Kuchen
mit Puderzucker überstreuen.

Feine Mandeltorte

140 g Butter, 140 g Puderzucker,
5 Eier, 80 g geriebene dunkle
Schokolade, 50 g Semmelbrösel,
150 g Mandeln, Butter für die Form

Schokoladenglasur:
200 g Blockschokolade,
nußgroßes Stück Kokosfett

Die Butter schaumig rühren. Nach und
nach den Puderzucker, 3 Eigelb,
2 ganze Eier, die Schokolade und Brösel darunterrühren. Gleichzeitig mit
dem steifgeschlagenen Schnee von
den 3 Eiweiß die ungeschälten, geriebenen Mandeln untermengen. Die
Masse in eine gefettete Form füllen
und im vorgeheizten Ofen bei 180 °C
ungefähr 45 Minuten backen.
Unter Rühren die zerbrochene Blockschokolade und das Kokosfett im
Wasserbad schmelzen. Kein Wasser
zugeben! Die Masse nicht zu heiß
werden lassen. Die Glasur aus dem
Wasserbad nehmen und rühren, bis
sie dicklich ist. Die Torte gleichmäßig
damit überziehen und an der Luft
trocknen lassen.

Nußrolle

6 Eier, getrennt, 100 g Zucker,
50 g Walnußkerne (Mandeln oder
Haselnüsse kann man auch nehmen),
50 g Mehl

Fülle: ¼ l Rahm, etwas Zucker,
50 g Nüsse

Kaffeeglasur: 200 g Puderzucker,
4 EL heißer, starker Mokka oder
1 gehäufter TL lösliches Kaffeepulver
und 4 EL heiße Milch

Eigelb mit Zucker schaumig rühren.
Mit den geriebenen Nüssen, dem steifen Eischnee und dem Mehl vermengen. Die Masse 1 cm hoch auf ein
Blech, welches mit Backpapier belegt
ist, streichen. Im vorgeheizten Ofen
bei 210–230 °C 15 Minuten backen,
sofort auf ein Nudelbrett stürzen, das
Papier abziehen und auskühlen lassen.
Den Rahm mit dem Zucker steif schlagen, mit den geriebenen Nüssen ver-

mischen und auf die Teigplatte streichen. Einrollen und mit der Kaffeeglasur (alle Zutaten gut miteinander verrühren) überziehen. An der Luft trocknen.

Nußkuchen

100 g Butter, 200 g Zucker, 4 Eier,
60 g Mehl, 80 g geriebene Nüsse,
80 g geriebene Mandeln,
Butter für die Form, Puderzucker

Die Butter schaumig rühren. Zucker und Eier dazugeben, weiter gut rühren und zuletzt gesiebtes Mehl, Nüsse und Mandeln untermengen. In eine gut gebutterte Kastenform füllen. Im vorgeheizten Ofen bei 200 °C 1 Stunde backen. Noch heiß mit Staubzucker bestreuen.
Hält sehr lange frisch.

Eiweißkuchen

6 Eiweiß, 140 g Zucker, 75 g Butter,
90 g Mehl, 1 TL Backpulver,
80 g Mandeln, Butter für die Form

Eiweiß zu steifem Schnee schlagen, mit Zucker verrühren. Die zerlassene, aber nicht heiße Butter, das mit dem Backpulver gesiebte Mehl und die mit der Schale geriebenen Mandeln daruntermengen. In eine gut gefettete Kastenform füllen und im vorgeheizten Ofen bei 180 °C ungefähr 45 Minuten backen.
Sehr gut ist der Kuchen mit Schokoladenglasur (Seite 88).

Non plus ultra

300 g Mehl, 250 g Butter,
300 g Zucker, etwas Vanille,
3 Eier, getrennt, Konfitüre

Aus Mehl, sehr kalter Butter, 50 g Zucker, Vanille und Eigelb schnell einen Teig kneten, ½ Stunde im Kühlschrank ruhen lassen. Dann ½ cm dick ausrollen und kleine, runde Scheiben ausstechen. Eiweiß zu festem Schnee schlagen, mit dem restlichen Zucker weiterschlagen und von dieser Masse auf jede Scheibe ein Häufchen setzen. Ein Backblech mit Backpapier auslegen und die Scheiben daraufheben. Im vorgeheizten Ofen 10–15 Minuten bei 190 °C backen. Ausgekühlt je 2 Scheiben, mit der Eiweißmasse nach außen, mit Konfitüre zusammensetzen.

Witwenküsse

4 Eiweiß, 140 g Zucker,
140 g Nußkerne, 70 g Zitronat,
Oblaten

In einem »Schneekessel« (bei uns heute noch gebräuchlicher, unten abgerundeter Messingkessel) ein Gemenge von Eiweiß und Zucker über Dampf dickschaumig schlagen. Mit grobgehackten Nußkernen und kleinwürflig geschnittenem Zitronat vermengen. Mit Hilfe eines Teelöffels kleine Häufchen auf Oblaten setzen und im vorgeheizten Ofen bei 110–120 °C in 90 Minuten mehr trocknen als backen. Sie sollen nur leicht goldgelb sein.

Die alte Stube des »Zirmerhofes« (um 1600). Sie ist im Original erhalten, also nicht übertragen.

Zirmer Torte

8 Eiweiß
(gute Eiweißverwertung),
180 g Haselnüsse,
180 g Zucker,
40 g dunkle Schokolade,
etwas Zimt,

etwas Nelkenpulver,
abgeriebene Schale von ½ Zitrone,
3 EL Rum oder Kirschwasser,
3 EL Kirschkonfitüre,
500 g gekochte Kirschen oder
Weichseln,
¼ l Rahm,
30 g Schokolade

Eiweiß zu steifem Schnee schlagen. Die geriebenen Haselnüsse, Zucker, geriebene Schokolade, Zimt, Nelkenpulver und Zitronenschale einrühren. Die Masse in eine gut gefettete Tortenform füllen und ungefähr ½ Stunde bei 180–200 °C backen. Nach dem Auskühlen die Torte mit Rum oder Kirschwasser tränken, mit Kirschkonfitüre bestreichen und mit den halbierten, entsteinten Kirschen belegen. Den Rahm steif schlagen (evtl. Sahnesteif zugeben), die Torte damit überziehen und gehobelte Schokoladensplitter darüberstreuen. Sehr gute und saftige Torte.

Brauner Kirschkuchen

140 g Butter, 140 g Zucker,
5 Eier, 80 g Schokolade,
100 g Biskuit- oder Semmelbrösel,
100 g Mandeln,
Butter und Mehl für die Form,
1 kg Kirschen oder Weichseln,
Puderzucker

Die Butter schaumig rühren. Nach und nach mit Zucker, 3 Eigelb, 2 ganzen Eiern, geriebener Schokolade, Biskuit- oder Semmelbröseln gut abrühren. Mit dem Schnee von 3 Eiweiß zugleich die ungeschälten, geriebenen Mandeln unterziehen. Die Masse in eine gefettete, bemehlte Tortenform füllen, mit entsteinten Kirschen belegen. Im vorgeheizten Ofen 60–70 Minuten bei 160–180 °C backen. Den fertigen Kuchen mit Puderzucker bestäuben.

Zwetschgendatschi

Mürbteig: 300 g Mehl,
65 g Puderzucker, 1 Prise Salz,
abgeriebene Schale von ½ Zitrone,
200 g Margarine, 2 Eigelb,
Butter für das Blech

1½ kg Zwetschgen, Zucker, Zimt

Ich empfehle, zum Mürbteig nur Puderzucker zu verwenden, der Teig wird viel geschmeidiger und braucht nur kurze Zeit zum Ruhen. Gute Margarine macht im Gegensatz zur fetten Butter den Mürbteig lockerer und leichter.

Mehl und Puderzucker auf ein Backbrett sieben, Salz und Zitronenschale aufstreuen und die Margarine in Flöckchen darauflegen. Mit einem Messer rasch zusammenhacken. In die Mitte des Hackteiges eine kleine Mulde drücken, die Eigelb hineingeben und alles rasch zu einem glatten Teig verarbeiten. ½ Stunde ruhen lassen. Nun den Mürbteig messerrückendick ausrollen, auf ein gefettetes Blech geben und mit der Gabel ein paarmal einstechen.
Die Zwetschgen entkernen und vierteln, so dicht wie möglich in Reihen auf den Teig legen. Den Kuchen im vorgeheizten Ofen bei 180–200 °C in 30–35 Minuten backen. Sobald er aus dem Ofen kommt, dick mit Zucker und Zimt bestreuen. Er soll den Tag nicht überleben!

Variation
Auf die gleiche Weise können Kirsch-, Aprikosen-, Johannisbeer- und Schwarzbeerkuchen gebacken werden.

Hofratstorte

210 g Butter, 2 Eier und 3 Eigelb,
210 g Zucker, abgeriebene Schale
von ¼ Zitrone, 210 g Mandeln,
50 g Biskuitbrösel,
Butter und Mehl für die Form,
2 Tortenboden-Backoblaten,
100 g Johannisbeerkonfitüre

Zitronenglasur: 200 g Puderzucker,
2 EL Zitronensaft, 2 EL heißes
Wasser

Die schaumig gerührte Butter nach und nach mit Eiern, Eigelb, Zucker und Zitronenschale verrühren. Zuletzt mit den ungeschälten, geriebenen Mandeln und den Biskuitbröseln vermengen. Die Hälfte des Teiges in eine gefettete, bemehlte Tortenform füllen. Mit einer Oblate bedecken, die Konfitüre daraufstreichen und die zweite Oblate darauflegen. Nun die zweite Hälfte des Teiges einfüllen. Die Torte im vorgeheizten Ofen bei 180 °C ¾ Stunden backen. Nach dem Erkalten mit Zitronenglasur (die Zutaten 10 Minuten verrühren!) überziehen.

Nuß- oder Mohngipfel

300 g Butter, 500 g Mehl, 2 EL Zucker, 4 Eigelb, 40 g Hefe, 5–6 EL Milch, 1 TL Salz, Eigelb zum Bestreichen

Nußfüllung: 250 g Haselnüsse, 250 g Zucker, 1 knappe Tasse Milch, abgeriebene Schale von 1 Zitrone, Vanillinzucker, 2 EL Aprikosenkonfitüre, 1 EL Rum

Mohnfüllung: 150 g gemahlener Mohn, 150 g Zucker, 1 Tasse Milch, abgeriebene Schale von 1 Zitrone, 2 EL Honig

Die Butter ins Mehl bröseln. Mit Zucker, den Eigelb, der in lauwarmer Milch aufgelösten Hefe und Salz zu einem glatten Teig verarbeiten. Messerrückendick austreiben. Vierecke schneiden, etwas Nuß- oder Mohnfülle daraufgeben, Gipfel (Hörnchen) formen und mit Eigelb bestreichen.

Auf ein mit Backpapier ausgelegtes Blech legen. Im vorgeheizten Ofen bei 225 °C backen. (Nicht gehen lassen!)

Für die Nußfüllung die geriebenen Nüsse in heißer, gezuckerter Milch unter Zugabe von Zitronenschale und Vanillinzucker unter ständigem Rühren 10 Minuten kochen. Vom Feuer nehmen, nach dem Auskühlen die Konfitüre und den Rum daruntergeben.

Für die Mohnfüllung den Mohn in heißer, gezuckerter Milch unter Zugabe der Zitronenschale unter ständigem Rühren dick kochen. Vom Feuer nehmen, den Honig dazugeben und auskühlen lassen.

Gelbe Rüben-Torte

*5 Eier, getrennt,
250 g Zucker,
Saft von ½ Zitrone,
250 g rohe, geriebene
gelbe Rüben,
250 g Mandeln,
1 EL Mehl,
Schlagrahm,
Schokoladenglasur (Seite 88)*

Eigelb und Zucker sehr schaumig rühren. Zitronensaft, gelbe Rüben, die geriebenen Mandeln und das Mehl dazurühren, zuletzt den steifgeschlagenen Eischnee leicht unterziehen. In eine gefettete Tortenform füllen und im vorgeheizten Ofen ¾ Stunden bei 180–200 °C backen. Erkaltet mit Schlagrahm füllen und mit Schokoladenglasur überziehen.

Schwarzplententorte

250 g Butter, 250 g Zucker,
6 Eier, getrennt,
250 g geriebene Mandeln,
250 g Buchweizenmehl,
1 Päckchen Backpulver,
Vanillinzucker, Butter für die Form,
Preiselbeeren

Die Butter, 150 g Zucker und die Eigelb schaumig rühren. Mandeln,
Mehl, Backpulver und Vanillinzucker
gut unterrühren. Zuletzt die zu steifem Schnee geschlagenen Eiweiß und
den restlichen Zucker vorsichtig unter
die Masse heben und in eine gefettete
Springform füllen. Im vorgeheizten
Ofen 45 Minuten bei 200 °C backen.
Erkaltet auseinanderschneiden und
mit Preiselbeeren füllen.

Linzer Torte   Foto Seite 95

400 g Mehl, 200 g Butter,
200 g Zucker, 200 g geriebene
Mandeln (mit der Schale reiben),
2 Eier, ½ Päckchen Backpulver, etwas
Zimt, Vanillinzucker, Nelkenpulver
und Zitronenschale, Preiselbeer- oder
Aprikosenkonfitüre, Puderzucker

Alle Zutaten auf einem Brett zu einem
Teig verkneten. 1½ cm dick auf einem
mit Trennpapier ausgelegten Blech
austreiben, ⅓ des Teiges zurücklas-
sen. Mit Konfitüre bestreichen, aus
dem restlichen Teig Rollen formen
und als Gitter darübergeben. 50 Minuten im vorgeheizten Ofen bei
220 °C backen. Überzuckern.

Buchweizenkuchen

150 g Butter, 150 g Zucker,
3 Eier, getrennt,
150 g Buchweizenmehl,
Butter für die Form, ¼ l Rahm

Die Butter schaumig rühren, Zucker
und Eigelb zugeben und weiterrühren. Zuletzt die zu steifem Schnee geschlagenen Eiweiß und das Buchweizenmehl unterheben. In eine gefettete
Tortenform füllen und im vorgeheizten Ofen 40 Minuten bei 200 °C bakken. Mit Schlagrahm bestreichen und
verzieren.

Bozner Schnitten   Foto Seite 94
Rezept vom Meraner Meisterkoch
Hans Debeljak

100 g Butter, 100 g Zucker,
100 g dunkle Schokolade,
3 Eier, 150 g Mehl,
½ Päckchen Backpulver,
½ Tasse Milch, Butter für die Form,
etwas Konfitüre,
Schlagrahm zum Verzieren

Butter und Zucker schaumig rühren.
Die im Wasserbad erweichte Schokolade dazugeben. Die Eier einrühren.
Das mit Backpulver gesiebte Mehl
und die Milch daruntermengen. In eine gut gefettete Kastenform füllen
und 30 Minuten im vorgeheizten
Ofen bei 180–200 °C backen. Auskühlen lassen, durchschneiden, mit Konfitüre füllen. Die Oberfläche mit Schlagrahm verzieren und in Scheiben
schneiden.

Triester Torte   Foto Seite 94

140 g Butter,
5 Eigelb, 1 Ei,
110 g Zucker,
30 g Schokolade,
Saft und abgeriebene Schale von
½ Zitrone,
20 g Zitronat,
20 g Orangeat, 5 Eiweiß,
110 g Mandeln,
70 g Semmelbrösel,
100 g Konfitüre,
ein paar Malagatrauben,
Datteln und ungeschälte Mandeln
zum Verzieren

Weiße Glasur: 100 g Puderzucker,
1 Eiweiß, 1 TL Zitronensaft

Die schaumig gerührte Butter mit den Eigelb, Ei und Zucker verrühren. Mit geriebener Schokolade, Zitronensaft und kleinwürflig geschnittenem Zitronat und Orangeat, dem steifen Eischnee, den ungeschälten, geriebenen Mandeln und den Bröseln vermengen. Die Masse in eine gefettete, bemehlte Tortenform füllen und im vorgeheizten Ofen ¾ Stunden bei 180–200 °C backen. Nach dem Erkalten durchschneiden und mit Konfitüre füllen.
Eiweiß, Puderzucker und Zitronensaft so lange rühren, bis die Masse schneeweiß, schaumig und dicklich ist. Die Glasur gleichmäßig auf die Torte streichen und im lauwarmen Ofen übertrocknen! Die Torte mit Malagatrauben, Datteln und ungeschälten Mandeln verzieren. Besonders gut und saftig.

Strudel

Oblgeich der Strudel im ganzen süddeutschen Raum beheimatet ist, wird er nirgendwo so dünn ausgezogen, so knusprig und saftig gebacken, kurzum: so kunstgerecht zubereitet wie in Österreich. Aber auch bei uns in Südtirol wird der Apfelstrudel mit größter Liebe und Sorgfalt angefertigt und gehört zu den beliebtesten Mehlspeisen.

Apfelstrudel   Foto Seite 98/99

Für 3 Strudel
Strudelteig: 300 g griffiges Mehl,
2–3 EL Öl, 1 Prise Salz,
lauwarmes Wasser,
Butter für die Form und
zum Bestreichen,
Puderzucker

Fülle: 2 kg säuerliche Äpfel
(Gravensteiner sind besonders
geeignet),
200 g Sultaninen,
80 g Pignoli (Pinienkerne),
60–80 g Zucker, 1 TL Zimt,
1 Schnapsglas Rum,
3 EL Butter,
50 g Semmelbrösel,
Öl zum Einpinseln

Das Mehl auf ein Nudelbrett sieben. In der Mitte eine Grube drücken und dahinein Öl, Salz und so viel lauwarmes Wasser geben, wie der Teig schluckt. Er soll nicht zu fest und nicht

zu weich sein, das muß man im Gefühl
haben. Alles tüchtig zusammenkneten
mit beiden Händen, bis der Teig nicht
mehr an den Händen und am Brett
klebt. Je länger man knetet, desto besser läßt sich der Teig ausziehen, um so
feiner wird der Strudel! Den Teig in
3 Teile teilen, zu runden Teigknödeln
formen, mit etwas Öl bestreichen und
mit einer warmen Schüssel überdek-
ken. ½ Stunde wenigstens ruhen lassen.
Die Äpfel schälen, entkernen und in
dünne Scheiben schnitzeln. Die gewaschenen, wieder getrockneten Sultaninen, die Pignoli, Zucker, Zimt und
Rum daruntermischen.
Nun einen der Teigknödel etwas auswalken. Dann mit sauberen, bemehlten Händen den Teig möglichst dünn
ausziehen (am besten zu zweit). Auf
ein weißes Strudeltuch legen und
noch weiter zu einem Rechteck ausziehen. ⅔ des Rechteckes mit in Butter
gerösteten Bröseln bstreuen, ⅓ nur
mit Öl bepinseln. Die Teigränder mit
einer Schere oder einem Messer abschneiden. Auf die bestreute Teigflä-
che ⅓ der Apfelfülle verteilen und mit
Hilfe des Tuches den Strudel einrollen. Mit dem Einrollen oben bei dem
Teigstück mit der Fülle anfangen. Den
Strudel in die ausgebutterte Reine
(Backpfanne) gleiten lassen. Mit den
anderen 2 Strudeln genauso verfahren. Ein schmaler Zwischenraum soll
zwischen den einzelnen Strudeln sein.
Mit zerlassener Butter bestreichen
und in den vorgeheizten Ofen schieben. ½–¾ Stunde bei 200–220 °C
goldgelb backen. Vor dem Auftragen
mit Puderzucker bestreuen.

Topfenstrudel

Strudelteil wie bei Apfelstrudel

Topfenfülle: 80–100 g Butter,
80–100 g Zucker,
abgeriebene Schale von 1 Zitrone,
Saft von ½ Zitrone,
3 Eier, getrennt,
1 Prise Salz,
750 g Topfen (Quark),
2 Handvoll Sultaninen

Butter und Zucker schaumig rühren.
Zitronenschale und -saft, Eigelb, Salz
und den passierten Topfen dazurühren. Zuletzt den steifen Schnee der Eiweiß unterheben. Den ausgezogenen
Strudelteig mit Öl bepinseln, die Topfenfülle darauf verteilen, die gewaschenen Sultaninen daraufstreuen,
einrollen und in die gebutterte Reine
geben. Im vorgeheizten Ofen ½–
¾ Stunden bei 200–220 °C goldgelb
backen. Mit Puderzucker bestreuen,
warm servieren!

Der Bozner Zelten

Dieses ganz besondere, einzigartige
Südtiroler Weihnachtsgebäck dürfen
wir nicht vergessen. Es gab früher keine Südtiroler Hausfrau, die nicht auf
ihr gutes Zeltenrezept stolz war.
Wenn man sich an Weihnachten be-
suchte, mußte vor allem der Zelten
gekostet werden.
Als ich mit 22 Jahren, von Deutschland
stammend, nach Südtirol heiratete,
erklärte mir mein Mann, daß ich an
Weihnachten unseren Zelten selber
backen müsse. Da war guter Rat teuer.
Ich hatte keine Ahnung, wie ein Zelten gemacht wird. Die Rezepte, die
ich zu lesen bekam, waren mir unver-
ständlich. Alle Früchte, die man sich
denken konnte, waren darin enthalten
und kaum Teig zum Zusammenhalten
der Masse!
Da erinnerte ich mich an einen guten
Bekannten meines Mannes: Max Ho-
fer, den Besitzer der besten Kondito-
rei Bozens. Liebenswürdig, wie er war,
erbarmte er sich der jungen Frau und
führte mich in die Geheimnisse des
Bozner Zeltens ein. Nun konnte ich
beim Weihnachtsfest meinen Mann
mit einem herrlichen Zelten überra-
schen, und seitdem habe ich noch unzählige angefertigt.

Bozner Zelten

1 kg Rosinen, 1 kg Sultaninen,
250 g Datteln, 500 g Feigen,
125 g Aranzini (Orangeat),
125 g Zitronat, 125 g Nüsse,
500 g Mandeln,
125 g Pignoli (Pinienkerne),
Saft und abgeriebene Schale
von 2 Orangen,
½ l Weinbrand, etwas Zucker,
¼ l Rum, Zimt, Nelkenpulver, Piment,
2 Stück gewiegter Sternanis,
600 g Brotteig vom Bäcker,
geschälte Mandeln und Nüsse
zum Verzieren,
Öl für das Blech, Honig- oder
Zuckerwasser zum Bestreichen,
kandierte Früchte zum Verzieren

Rosinen und Sultaninen gut waschen, von den Rosinen die Kerne entfernen. Datteln entkernen und mit den Rosinen und Sultaninen grob wiegen. Feigen feinblättrig schneiden, ebenso Aranzini und Zitronat. Nüsse und Mandeln (ungeschält) möglichst fein schneiden (nicht wiegen). Alle Früchte zusammen mit den Pignoli in eine große Schüssel geben. Mit Orangensaft und -schale und dem Weinbrand befeuchten, etwas Zucker daraufstreuen, zudecken und über Nacht stehen lassen. Am Morgen den Rum dazugießen, Zimt, Nelken, Piment und Sternanis zufügen. Zuletzt den Brotteig, den man sich beim Bäcker geholt hat, dazugeben. Die ganze Masse mit den Händen gut durcharbeiten. Alles muß aufs beste vermischt sein. Längliche oder runde Zelten formen, ungefähr 3–4 cm dick und 20 cm lang. Mit gespaltenen Mandeln und halben Nüssen verzieren. Auf ein mit Öl bestrichenes Blech geben. Im vorgeheizten Ofen bei 220 °C unter öfterem Bestreichen mit Honig- oder Zuckerwasser schön braun backen (ungefähr 1 Stunde). Nach dem Bakken schnell vom Blech lösen und ausgekühlt mit kandierten Früchten verzieren. In Celophanpapier wickeln.

Hinweis

Zelten soll man spätestens 2–3 Wochen vor Weihnachten backen, da sie immer besser werden. Ein altes Sprichwort heißt:

*Heiliger Sebastian
(Ende Januar)
schneid den letzten Zelten an.*

Zelten 2

*1 kg Sultaninen,
750 g Rosinen,
300 g Pignoli (Pinienkerne),
300 g Mandeln,
300 g Aranzini (Orangeat),
250 g Zitronat,
1 kg gute Feigen,
¼ l Rum,
½ l Treberschnaps,
1½ kg Brotteig vom Bäcker,
1 Prise Anis,
10 g Zimt*

Zubereitung wie Bozner Zelten.

Zelten 3

*3 kg Sultaninen,
2½ kg Feigen,
500 g Mandeln,
500 g Pignoli (Pinienkerne),
500 g Quittenkäse (Quittenpaste),
500 g kandierte Früchte,
Zimt,
Nelkenpulver,
Muskatnuß,
abgeriebene Schale und Saft
von 6 Orangen und 6 Zitronen,
½ l Rum,
250 g Zitronat,
250 g Orangeat,
1 kg Brotteig vom Bäcker*

Zubereitung wie Bozner Zelten.

St. Michael – Eppan an der ▷
Südtiroler Weinstraße.

Das Törggelen ist ein alter Südtiroler Brauch. Es ist das Verkosten vom »Nuien« (neuen Wein) in den verschiedenen Weinhöfen. Wahrscheinlich kommt das Wort von Torggl = Weinpresse. Ursprünglich wurden wohl im Torgglraum Kostproben gehalten.

»In feierlicher Helle« spannt sich das Firmament über das herbstliche Land. Klar und nahe leuchten Wälder und Felsen, die höheren Gipfel glitzern im neuen Schnee. Die Hänge brennen förmlich im Rot und Gelb ihrer Büsche. Jedes Haus im »Boden«, jeder Hof auf der Höh' sieht wie neu »geweißelt« aus, so hell glänzen die Mauern in der Sonne.

Törggelen, den Neuen kosten, herunten im »Boden« oder auf den »Leiten«, das ist an solchen Tagen traditionelle Bozner und Brixner Bürgerpflicht. Das gehört zu den schönsten Dingen des hiesigen Daseins! Und dazu gibt es gebratene Kösten (Kastanien) und süße, junge Nussen (Nüsse) und die herrlichen Produkte des ersten »Schlachtigens«: saftige Hauswürste und duftende, zarte Schweinsrippen mit Kraut.

Um diese Zeit wird jeder Südtiroler zum Meister des Prüfens und Kostens und der bacchischen Genüsse. Er hat herausgefunden, daß man die hehre Gottesgabe an der Quelle selbst trinken soll, daß sie unverfälscht gut nur dort ist, wo sie wächst. Jeder will den Besten, den Süffigsten gefunden haben, vertraut es nur dem treuesten Freund als tiefes Geheimnis an, pilgert selbst hin wie zu einem Heiligtum, ärgert sich, wenn jemand einen anderen

für besser hält, und ärgert sich ebenfalls, wenn zu viele denselben Geschmack haben wie er, denn der guten, edlen Tropfen sind nicht viel, oft nur ein paar Hekto, und die sollen nicht gleich gar sein und von Leuten getrunken werden, die nichts davon verstehen. So schrieb Dr. Hans Kiehne über das Törggelen:

Ja, das Törggelen ist eine Wanderung zu einem mit besonderen Genüssen aufwartenden Ziel. Zum Törggelen gehören Geruhsamkeit und Freude an Land und Leuten. Da Essen und Trinken bekanntlich Leib und Seele zusammenhalten und ein Wein mit einem guten Essen noch besser schmeckt, schätzt man beim Törggelen auch die richtige Zukost. Da sind einmal die jahreszeitlichen Früchte: frische Feigen, Nüsse, gebratene und gesottene Kastanien, dann das richtige Brot, hausgemachtes Roggenbrot: Vintschgerlen, Vorschlagbrot und Völser Schüttelbrot; und vor allem der echte, köstliche Südtiroler Speck.

Der Schriftsteller Josef Wenter aus Meran hat diese kulinarische Köstlichkeit also beschrieben:

Kirnig muß er sein, wie die gerade reifen Nußkerne, schön weiß, nur ein bißchen ins Rötliche schimmernd, und das Magere blutrot bis ins Bräunliche. Nach Rauch muß er schmecken und so zwischen lab und raß, daß man kein Salz dazu braucht. Und wenn Dir Sankt Urban gut ist, beschert er Dir ein echtes, nicht zu hartes und nicht zu weiches Vintschger

Breatl, das noch nach Backofen riecht.
Schöne Ranftlen schneiden mit dem Ta-
schenfeitel und zuerst den Speck, dann
das Brot dem Wein nachschicken.

Wer im Herbst nach Südtirol kommt
und die Annehmlichkeiten des Lebens in dieser herrlichen Jahreszeit
genießt, weiß erst dann von der Erhol-
samkeit und Beseligung des schönen,
gesegneten Landes.
Eines meiner Lieblingslieder über Tirol
fällt mir ein. Wie oft wird es auch bei
den Törggele-Ausflügen gesungen!

Tirol ist lai oans,
wia dös Landl ist koans,
ist a schians und a feins
und dös Landl ist meins.

Mei Liab ist Tirol,
ist mei Weah und mei Wohl,
ist mei Gut und mei Hab
ist mei Wiag und mei Grab.

Tirol ist lai oans,
ist a Landl a kloans,
in der Näh und der Fearn,
gibt's koans auf der Eardn.

Tirol

Ti - rol ist lai oans, wia dös
Landl ist koans, ist a schians und a
fein's und dös Landl ist mein's.

Mei Liab ist Tirol, ist mei Weah und mei Wohl,
ist mei Gut und mei Hab, ist mei Wiag und mei Grab.

Tirol ist lai oans, ist a Landl a kloans,
in der Näh und der Fearn, gibt's koans auf der Eardn.

Rotglühend flammt im Abendschein
des Rosengartens Runde.
Noch tiefer glüht der rote Wein
Im Glas an meinem Munde
Und zaubert mir mit mildem Duft
Den Süden in die Seele,
Und strömt gleich würzger Alpenluft
Erfrischend durch die Kehle.
Aus Sonnenglut und Felsenblut
Nur quillt so edle Labe
Und stärkt mich, bis ich frohen Mut
und Adlerschwingen habe.
Von Sonnenwolken frei die Stirn,
Schweb ich und seh im Fliegen
Tief unter mir, von Fels und Firn
Umkränzt, mein Weinland liegen.
Solch selgen Traum schafft dieser Wein,
Kaum führt man ihn zum Munde,
Glüht aus dem Glas im Abendschein
Des Rosengartens Runde.

C. Th. Hoeniger

Köstenessen
oder was man
alles aus Kastanien
machen
kann

Südtiroler Tracht.

Kastanientorte 1

170 g Kastanien,
140 g Zucker,
6 Eier, getrennt,
50 g Semmelbrösel,
Butter für die Form

Fülle: ¼ l Rahm,
30 g Zucker,
100 g passierte Kastanien
(wie oben),
2 EL Aprikosenkonfitüre,
Schokoladenglasur (Seite 88)

Kastanien waschen, auf der gerunde-
ten Seite einschneiden, auf ein nasses
Blech legen und ungefähr 10 Minuten
im Ofen leicht braten, bis sie aufsprin-
gen. Dann schälen, in kochendes
Wasser geben, 20–30 Minuten kochen und passieren, solange sie heiß
sind. Den Zucker mit 6 Eigelb dickschaumig rühren. Die passierten Kastanien, die Brösel und schließlich den
festen Eischnee darunterziehen. Diese
Masse in eine gefettete Tortenform
füllen, 35 Minuten im vorgeheizten
Ofen bei 180 °C backen. Nach dem Erkalten die Torte durchschneiden.
Den Rahm mit dem Zucker sehr steif
schlagen und das Kastanienpüree unterziehen. Die Torte mit dieser Creme
wieder zusammensetzen. Die Oberfläche mit Konfitüre dünn bestreichen
und mit Schokoladenglasur überziehen.

Kastanientorte 2

560 g passierte Kastanien
(ungeschält 900 g),
280 g Zucker,
6 Eier, getrennt,
Vanillinzucker,
Butter für die Form,
⅓ l Rahm

Die Kastanien wie im vorigen Rezept
vorbereiten und passieren. Zucker
und Eigelb dickschaumig rühren. Von
dem festen Eischnee zuerst einen Löffel unter die Masse mischen, dann die
passierten Kastanien und den Vanillinzucker. Zuletzt den übrigen Eischnee
leicht unterheben. In eine gefettete
Tortenform füllen. Im vorgeheizten
Ofen ¾ Stunden bei 160–180 °C bakken. Auskühlen lassen, durchschneiden. Die Torte mit dem steifgeschlagenen Rahm füllen, oben und am
Rand ebenfalls mit Schlagrahm bestreichen und mit passierten Kastanien bestreuen.

Kastanienkoch
Bozener Rezept von 1860

280 g passierte Kastanien
(ungeschält 450 g),
140 g Butter, 110 g Zucker,
6 Eier, getrennt,
110 g abgezogene, geriebene
Mandeln, etwas Zimt,
abgeriebene Schale von 1 Zitrone,
Butter für die Form

Die Kastanien vorbereiten und passieren, wie im Rezept Kastanientorte 1

(Seite 108) beschrieben. Die Butter schaumig rühren. Zucker, Eigelb, Mandeln und das Kastanienpüree daruntergeben, weiterrühren. Zimt, Zitronenschale und zuletzt den steifen Eischnee daruntermengen. In einer gut gefetteten, feuerfesten Form im vorgeheizten Ofen 40–50 Minuten bei ca. 180 °C garen. Überzuckern und warm servieren.
Dazu Weinschaumsauce geben (Seite 82).

Kastanienreis

1 kg ungeschälte Kastanien,
2 EL Rahm, 2 EL Rum,
120 g Puderzucker, ½ l Rahm,
Zucker

Die Kastanien vorbereiten und passieren, wie im Rezept Kastanientorte 1 (Seite 108) beschrieben. Mit dem Rahm, Rum und Puderzucker verrühren zu einer glatten, dicken Masse. Diese Masse durch ein umgekehrtes Reibeisen bergartig auf einen Glasteller drücken. Den Kastanienreis mit gezuckertem Schlagrahm umkränzen und einige Zeit in den Kühlschrank stellen.

Kastanienpudding

200 g passierte Kastanien
(ungeschält 350 g),
5 Eier, getrennt,
200 g Zucker,
50 g dunkle Schokolade,
Butter für die Form

Die Kastanien vorbereiten und passieren, wie im Rezept Kastanientorte 1 (Seite 108) beschrieben. In den festen Eischnee den Zucker, die erweichte, mit etwas kaltem Wasser und dem Eigelb verrührte Schokolade und das Kastanienpüree leicht einrühren. Die Masse in eine gefettete Puddingform füllen, schließen und 1 Stunde im Wasserbad kochen.
Dazu wird gezuckerter Schlagrahm serviert.

Gefrorene Kastaniencreme

1½ Tassen Milch, 3 Eigelb,
50 g Zucker, 1½ Tassen Wasser,
1½ kg ungeschälte Kastanien,
200 g Zucker, 1 Päckchen
Vanillinzucker, 2 EL Rum oder
Maraschino, 50 g Quittenkäse (Paste),
1½ Tassen Schlagrahm, 3 Blatt Gelatine

Aus Milch, Eigelb und Zucker über Dampf eine dickliche Creme schlagen, kalt stellen.
Die Kastanien vorbereiten und pürieren, wie im Rezept Kastanientorte 1 (Seite 108) beschrieben. Mit Zucker, Vanillinzucker, Rum oder Maraschino, dem würflig geschnittenen Quittenkäse und dem Schlagrahm vermischen. Die Creme und die kalt eingeweichte und in heißem Wasser aufgelöste Gelatine unterrühren. Die Masse in eine mit Wasser ausgespülte Bombenform füllen, gut verschließen. 3–4 Stunden im Tiefkühlschrank oder Tiefkühlfach gefrieren. Vor dem Servieren die Form kurz in heißes Wasser tauchen und das Eis auf eine Platte stürzen.

Kastanienwürfel

*140 g passierte Kastanien
(ungeschält 250 g),
140 g Zucker,
6 Eier, getrennt,
100 g dunkle Schokolade, 20 g Mehl,
40 g Konfitüre, 12 kandierte Kirschen,
Schokoladenglasur (Seite 88)*

*Fülle: ¼ l Rahm, 40 g Zucker,
100 g passierte Kastanien (ungeschält
170 g)*

Die Kastanien vorbereiten und passieren, wie im Rezept Kastanientorte 1 (Seite 108) beschrieben. Zucker, Eigelb und das Kastanienpüree schaumig rühren. Die geriebene Schokolade und zuletzt den festen Eischnee und das Mehl leicht einmengen. Diese Masse fingerdick auf ein mit Papier belegtes Blech streichen und 20 Minuten im vorgeheizten Ofen bei 180–200 °C backen. Das Papier abziehen, die Teigplatte in zwei gleich große Teile schneiden.
Rahm und Zucker sehr steif schlagen, das Kastanienpüree unterziehen. Die eine Hälfte damit bestreichen, die andere Hälfte darauflegen und in gleichmäßige Würfel schneiden. Diese Würfel mit Konfitüre dünn bestreichen und mit Schokoladenglasur überziehen. In die Mitte jeweils eine kandierte Kirsche geben.

Tisener Kastanieneis mit Bratäpfeln

*500 g ungeschälte Kastanien,
1 Vanilleschote, etwas Zucker,
1¼ l Milch, 400 g Zucker, 1 Glas Rum,
10 Eigelb, ¼ l Schlagrahm*

*Bratäpfel: 5 schöne Äpfel, ein
nußgroßes Stück Butter, 50 g Zucker,
1 Glas Weißwein,
2 Gläschen Apfelschnaps*

Die Kastanien einschneiden und in den Ofen geben, bis sie sich leicht schälen lassen. Die geschälten Kastanien mit der Vanilleschote und Zucker in ¼ l Milch weich dünsten und passieren.
1 l Milch mit den passierten Kastanien aufkochen. Zucker mit Rum und Eigelb gut verrühren, die Milch mit den passierten Kastanien zugießen und auf dem Herd zu einer Creme schlagen. In eine beliebige kältebeständige Form füllen, abdecken und gefrieren. Nach 1–1½ Stunden Gefrierzeit den Schlagrahm einrühren, weitere ca. 2 Stunden gefrieren.
Die Äpfel schälen, halbieren und das Kernhaus ausstechen. In eine Bratpfanne Butter, Zucker und etwas Weißwein geben und die Äpfel darin dünsten lassen, bis ein schöner Sirup entsteht. Dann mit Apfelschnaps flambieren. Zum Kastanieneis servieren.

Südtiroler Speck und Brot

Unter den vielen Spezialitäten der Südtiroler Küche finden wir den Speck mit seinem einmaligen Aroma an erster Stelle. Für die Bauern war das Konservieren der frisch geschlachteten Schweine in alten Zeiten ein Problem. Durch die Erfahrung langer Epochen entdeckte man, daß sich gepökeltes Fleisch als sehr wohlschmeckend und haltbar erwies. Es wurde mit Salz, Pfeffer und vielen Gewürzen eingerieben, übergossen mit einer Flüssigkeit aus Wasser und Wein für drei Wochen in eine Holzwanne gelegt. Dann mußte es an der Luft trocknen und wurde anschließend geräuchert. Das Würzen, das Pökeln und schließlich die monatelange Räucherung und Lagerung erfordern großen Fleiß und ständig gewissenhaftes Überprüfen.

Speck in der Küche

Der Speck ist nicht nur Brotbelag. Er findet auch in vielen Gerichten Verwendung, da er durch sein Aroma und seinen delikaten Rauchgeschmack den Speisen die unvergleichliche Besonderheit gibt. Wir finden ihn in vielen hiesigen Rezepten, seien es nun einfache, bäuerliche oder erlesene Speisen.

Da wir selber neben unserem Gastbetrieb einen großen Bauernhof haben, bereiten wir den Speck selbst. Ich bringe das Rezept des besonders guten Stückes vom Schwein, des sogenannten Ham (auch in der englischen Sprache heißt der Schinken Ham).

Hausgemachter Speck

Man nimmt dazu den Schweineschlegel, löst ihn aus und entfernt das sogenannte Kaiserteil (welches man einpökelt als feinsten Schinken). Nun erhält man ein flaches Stück, das man an den Seiten zurechtschneidet.
Gewürzmischung: Salz, Pfeffer, einige Knoblauchzehen und Wacholderbeeren zusammen zerdrücken, Lorbeerblatt, Anis, Fenchel und Kümmel fein wiegen, einen kleinen Teelöffel Salpeter dazugeben und alles gut vermischen. Die Mischung muß aussehen wie eine griesete (graue) Katz, sagt man im Volksmund.
Nun wird die Ham von allen Seiten mit diesen Gewürzen fest eingerieben, in eine hölzerne Wanne gelegt, mit et-

was Flüssigkeit, bestehend aus gekochtem Wasser und Wein, übergossen, an einen kühlen Ort gestellt, jeden Tag mit der Pökelflüssigkeit übergossen und die Ham gelegentlich umgewendet. Ungefähr drei Wochen bleibt sie in der Wanne. Dann nimmt man die Ham heraus, trocknet sie ab, hängt sie in einen luftigen Raum und räuchert sie eine Zeit lang, am besten mit Wacholderholz. Fachgerecht behandelt, wird gerade dieses Stück des Schweines der allerbeste Speck.

Linsen mit Speck

Linsen waren schon bei den alten Juden und den Ägyptern eine sehr beliebte Speise. Über Griechenland und Rom kamen sie zu uns. Sie gelten als die feinsten Hülsenfrüchte.

500 g Linsen, 1 Lorbeerblatt,
1 EL Fett, 1½ EL Mehl, 2 EL Essig,
Salz, Pfeffer, Majoran,
125 g magerer Speck,
1 Zwiebel

Gute Linsen brauchen nicht eingeweicht zu werden. Man wäscht sie, setzt sie mit kaltem Wasser auf (man kann Speckschwarten dem Sud beigeben) und läßt sie langsam mit dem Lorbeerblatt kochen. Aus Fett und Mehl eine dunkle Einbrenne bereiten, mit der Kochbrühe und etwas Essig ablöschen, die Linsen vorsichtig in die Sauce rühren und mit Salz, Pfeffer und Majoran abschmecken. Den kleingeschnittenen Speck auslassen und die Zwiebelringe darin bräunen. Beim Anrichten die Linsen mit Speck und Zwiebeln übergießen.

In Italien schmelzt man die Linsen mit Olivenöl, gerösteten Zwiebeln und Knoblauch ab und bestreut das Ganze mit getrocknetem Salbei und Petersilie.

Speck und Melone

1 Melone, Pfeffer, Salz,
8 Scheiben Speck,
Petersilie, schwarze Oliven

Die Melone schälen, zur Hälfte teilen und mit einem Löffel die Kerne entfernen. Anschließend in längliche Spalten schneiden und mit ganz wenig Pfeffer und Salz bestreuen. Die Spalten beim Anrichten mit dünnen, gut durchwachsenen Speckscheiben bedecken. Mit Petersilienblättern und schwarzen Oliven garnieren.

Man kann auch Speckscheiben mit frischen Feigen anrichten.

Bauernfrühstück

1 kg gekochte Kartoffeln,
100 g Speck,
100 g gekochter Schinken,
4 Eier, ½ Glas Milch,
Salz, Pfeffer,
Schnittlauch

Die Kartoffeln in Scheiben schneiden. Den feingewiegten Speck in einer Pfanne auslassen, die Kartoffelscheiben und den in Würfel geschnittenen Schinken darin schön braun anrösten.

Die Eier mit der Milch, Salz und Pfeffer verquirlt, darübergeben und einige Minuten weiterrösten. Beim Anrichten mit Schnittlauch überstreuen.

Weiße Bohnen mit Speck

500 g getrocknete weiße Bohnen,
2 Lorbeerblätter, 125 g magerer
Speck, 2 Zwiebeln, 1 Knoblauchzehe,
Salz, Pfeffer, Majoran oder Thymian

Die Bohnen waschen und über Nacht in kaltem Wasser einweichen. Am nächsten Tag im Einweichwasser mit den Lorbeerblättern zusetzen und langsam weichkochen. In einem Topf den kleingeschnittenen Speck zergehen lassen und mit den feingehackten Zwiebeln und der Knoblauchzehe bräunen. Die abgegossenen Bohnen dazugeben, mit Salz, Pfeffer, Thymian oder Majoran würzen, etwas Kochwasser zugießen und alles bei kleiner Hitze dünsten.

Spaghetti mit Speck

400 g Spaghetti, Salz, Öl, etwas Butter,
200 g Speck, 4 Eier,
100 g geriebener Parmesan,
5 EL Rahm, Muskatnuß

Die Spaghetti in reichlich Salzwasser unter Zugabe von etwas Öl kochen. In ein wenig Butter den kleingeschnittenen Speck rösten. Eier, Käse, Rahm und Muskatnuß verrühren und die Spaghetti mit dem Speck untermischen. Sofort anrichten.

Speckeierkuchen Foto

4 Eier,
250 g Mehl,
etwas Salz,
⅜ l Milch oder
Mineralwasser,
ein Stück Speckschwarte,
16 Scheiben durchwachsener Speck
(oder in Würfel geschnitten),
Schnittlauch

Aus Eiern, Mehl, Salz und Milch oder Mineralwasser einen glatten Pfannkuchenteig rühren. Die gut erhitzte Pfanne mit einer Speckschwarte einreiben, 3 Scheiben Speck leicht anbraten und umwenden (oder den gewürfelten Speck in den Teig geben). Eine Portion Teig darübergeben, alles wenden, wenn die untere Seite schön braun ist, die andere Seite ebenso braten. Mit Schnittlauch bestreut servieren.

Gebratener Fasan

*1 junger Fasan, ein paar Tage
in den Federn abgehangen,
Salz, Pfeffer,
einige Salbeiblätter und
Wacholderbeeren,
100 g Speck,
60 g Fett,
etwas Mehl,
1 Tasse Rahm,
1 Gläschen Cognac*

Den Fasan rupfen, absengen, ausnehmen, waschen, abtrocknen und innen und außen mit Salz und Pfeffer einreiben. In das Innere Salbeiblätter und Wacholderbeeren geben. Den Fasan mit dünnen Speckscheiben umwickeln, mit der Brust nach unten in eine Pfanne mit heißem Fett geben und in den gut vorgeheizten Ofen schieben. Nach 20 Minuten den Vogel umdrehen und unter häufigem Begießen, je nach Größe und Alter, in 60 – 70 Minuten weichbraten. Den Fond mit etwas Mehl bestäuben, den Rahm aufgießen und den Cognac, die Sauce kurz aufkochen lassen.
Glasierte Kastanien, Bratkartoffeln oder Reis, Preiselbeerenkompott passen gut dazu.
Kalter Fasan schmeckt ausgezeichnet mit Cumberlandsauce.

Cumberlandsauce: 1 gehäuften TL scharfen Senf mit ½ Glas Johannisbeergelee, grob abgeriebener Schale und Saft von 1 Orange, etwas Zitronensaft, ½ Glas Rotwein und je 1 Prise Pfeffer und Ingwer sehr gut verrühren, kalt stellen.

Südtiroler Brot

Unser Korn ist der Roggen, und die südlichste Grenze ist der sogenannte Roggenbrotesser. Alle Romanen sind Weizenbrotler. Deutsch und Welsch unterscheiden sich bis auf die heutige Zeit durch das Brot. Der Bergbauer war immer der echte Roggenbrotesser. In den Städten im Tal allerdings war das Weizenbrot schon im Mittelalter das Brot der wohlhabenden Bürger. Nicht nur der Vintschgau war bekannt für seinen vorzüglichen Roggen. Der Tiroler Landreim und Marx von Wolkenstein loben besonders das Rittner, Ultner und Brixner Korn. Die höchsten Kornhöfe Südtirols sind die Finailhöfe im Schnalstal, 1945 m hoch gelegen. Auch auf unserem Hof auf 1560 m Höhe bauten wir bis nach dem Zweiten Weltkrieg einen vorzüglichen Roggen an und haben unser Brot selbst gebacken. Das ist natürlich nur in Südtirol möglich in diesen Höhenlagen. Die wunderbare südliche Sonne läßt den Roggen noch abreifen, während in Nordtirol und Bayern auf dieser Höhe nur noch Latschen und niederes Gras wachsen.
Gebacken wurde im Bergbauernhof höchstens viermal im Jahr, immer flache Fladenbrote (Breatln). Diese wurden in Brotgestellen aufbewahrt, mit der Grammel (da sie sehr hart wurden) zerkleinert und in Milch, Kaffee oder Suppe aufgeweicht gegessen.
Das beste Brot erhält man im Holzbackofen, der früher auf jedem Bauernhof vorhanden war. Aber auch

Elektroöfen, welche mit Schamotteziegel verkleidet sind, eignen sich, um gutes Brot herzustellen. Das Backrohr des Elektroherdes ist nur eine Zwischenlösung.

Roggenbrot benötigt eine Ausbacktemperatur von ungefähr 260 °C, nach einiger Zeit kann man auf 200 °C heruntergehen. Hefe (Germ) und Sauerteig sind bei Roggenbrot die Treibmittel. Sauerteig ist besonders wichtig, denn durch ihn bekommt das Roggenbrot erst den richtigen, guten Geschmack. Man bekommt Sauerteig in der Stadt bei einem Bäcker. Doch auf dem Bauernhof behält man vom letzten Backen etwas Teig zurück und bewahrt ihn, von Mehl bedeckt, in einem kühlen Raum auf. Um den Sauerteig frisch zu bereiten, benötigt man 1 Würfel Preßhefe, ¼ l Buttermilch oder Sauermilch und 4 EL Mehl. In die lauwarme Milch wird der Germ gebröselt und das Mehl eingerührt. Diesen Brei läßt man an einem warmen Ort stehen, man rührt die Masse öfter durch. Nach 24 Stunden ist der Sauerteig fertig.

Die besonderen Brotgewürze geben dem Südtiroler Brot erst den typischen Geschmack. Die gebräuchlichsten sind Salz, Kümmel, Fenchel, Anis und Brotklee. Brotklee ist besonders hervorzuheben. Er heißt botanisch *tringunella caerulia*. Die Bäuerinnen bauten die Pflanzen selbst im Garten an. Blüten und Laub werden getrocknet und dann mit den Händen zu Pulver zerrieben.

Nun 3 Rezepte, die man auch im gewöhnlichen Elektroherd herstellen kann.

Vorschlagbrot

700 g Roggenmehl,
450 g Weizenmehl, ca. 1 l Wasser,
50 g Hefe, Salz, Brotklee und etwas
Fenchel, etwas Kleie

Roggen- und Weizenmehl mischen und die in lauwarmem Wasser aufgelöste Hefe dazugeben. Die Gewürze zufügen und einen nicht zu festen Teig kneten. Zu einer Rolle formen, diese in 12 Stücke teilen und daraus kreisrunde Scheiben von 25 cm Durchmesser formen. Zugedeckt auf einem mit Kleie bestreuten Blech gehen lassen. Im vorgeheizten Ofen bei 250 °C ungefähr ½ Stunde backen.

Völser Schüttelbrot

600 g Roggenmehl,
250 g Weizenmehl, Brotklee, Fenchel,
Salz, ca. ¾ l kaltes Wasser, 30 g Hefe,
etwas Kleie und Mehl

Mehl und Gewürze gut vermischen und mit der in etwas kaltem Wasser aufgelösten Hefe und dem restlichen Wasser zu einem nicht zu festen Teig verkneten. Handgroße Teigstücke auf ein Brett setzen, das mit einem Brottuch bedeckt und mit Kleie bestäubt ist. Zugedeckt ½ Stunde gehen lassen, der Teig soll auslaufen. Nun einen Pappteller oder ein Brettchen von ungefähr 25 cm Durchmesser mit Mehl bestäuben und darauf die Fladen schütteln, immer im Kreis drehen. Im vorgeheizten Ofen bei 250 °C ungefähr ½ Stunde backen.

Weizenweggen

900 g Weizenmehl,
50 g Hefe,
½ l Wasser,
1 Prise Zucker, 1 EL Salz

Das Mehl in eine große Schüssel sieben, in die Mitte eine Mulde drücken. Die Hefe in etwas lauwarmem Wasser auflösen, Zucker einrühren und in die Mulde geben. Mit etwas Mehl bestäuben und zugedeckt an einem warmen Ort ca. 3 Stunden gehen lassen. Die restlichen Zutaten dazugeben, alles kräftig zu einem glatten Teig verkneten (er muß sich vom Schüsselboden lösen) und erneut zugedeckt ½ Stunde an einem warmen Ort gehen lassen. Aus dem Teig zwei länglich Brotlaibe (= Weggen) formen, auf ein mit Backtrennpapier ausgelegtes Blech heben und nochmals 20–30 Minuten zugedeckt gehen lassen. Die Laibe mit kaltem Wassser einstreichen und 40 Minuten bei 210–230 °C backen; dabei eine flache, ofenfeste Form voll Wasser auf den Herdboden stellen.

Vintschger Paarlen

350 g Sauerteig,
ca. 1 l Wasser, 30 g Hefe,
600 g dunkles Roggenmehl,
600 g normales Roggenmehl,
Salz, Kümmel, Fenchel und Brotklee

Den Sauerteig mit der Hälfte des Wassers (27 °C) und der Hefe in einer Schüssel verrühren. Dann das Mehl, Salz, Gewürze und das restliche Wasser dazumischen und zu einem glatten Teig verkneten. Ist der Teig um das Doppelte aufgegangen, schlägt man ihn zusammen und bestäubt ihn mit Mehl. Dann faustgroße Stücke abteilen und immer zwei nebeneinander auf ein Brett legen, das mit einem mit Kleie bestreuten Brottuch bedeckt ist. Die Paarlen ungefähr 20 Minuten gehen lassen. Werden sie im Holzofen gebacken (dort werden sie am besten), kippt man sie vorsichtig auf die Backschaufel und schießt sie in den Backofen ein. Im elektrischen Backrohr bei 260 °C backen, allmählich auf 200 °C herunterschalten.

Kuchlkirchtig

Gastronomische Wanderung rund um Brixen

Von aller hand Turden

Tortenrezept aus einem Kochbuch von 1815

Spezielle Leibgerichte, die nicht fehlen dürfen

Der Tiroler Adler

Tirtlen
Pustertaler Spezialität

200 g Roggenmehl,
200 g Weizenmehl,
1 EL Öl,
Salz,
etwas Milch,
200 g passierter Spinat
oder 200 g Topfen (Quark)
oder 200 g gekochtes Sauerkraut,
Backöl

Aus Mehl, Öl, Salz und Milch einen festen Teig abkneten, ½ Stunde ruhen lassen. Eine lange Rolle formen, in kleine Scheiben schneiden und jede Scheibe (Tirtl) extra mit dem Nudelholz austreiben. Spinat oder Topfen oder Sauerkraut daraufgeben, mit einem anderen Tirtl bedecken und fest andrücken. In heißem Öl schwimmend backen.

Topfenplattlen

350 g Mehl,
500 g passierter Topfen (Quark),
2 EL zerlassene, überkühlte Butter,
1 Ei,
Salz,
nach Geschmack etwas Kümmel,
Backöl

Aus Mehl, Topfen, Butter, Ei und Gewürzen auf dem Brett einen Teig bereiten. ½ Stunde ruhen lassen. Auf dem Brett ½ cm dick austreiben, Vierecke ausradeln, in sehr heißem Öl herausbacken.
Zu Sauerkraut geben.

120

Grießplattlen

½ l Milch, 50 g Butter, Salz, Muskat,
100 g Grieß, 1 Ei, 50 g Semmelbrösel,
Backöl

Aus Milch, Butter, Salz, Muskat und Grieß einen Brei kochen, ungefähr 10 Minuten lang. Die Masse auf ein mit Öl bestrichenes Blech ½ cm dick aufstreichen, erkalten lassen. Kleine Vierecke oder Rechtecke ausstechen, in zerschlagenem Ei und Bröseln wälzen (panieren) und in heißem Öl schwimmend goldgelb backen.
Sehr gut als Zuspeise zu Rindsbraten oder Rehbraten.

Römische Grießscheiben

1 l Milch (oder ½ l Milch und
½ l Wasser), 50 g Butter, Salz,
250 g Weizengrieß, 1 Ei,
etwas geriebener Parmesan,
Öl, Butter und Reibekäse

Die Milch mit Butter und Salz aufkochen. Weizengrieß einrühren und unter ständigem Rühren ungefähr 15 Minuten kochen. Vom Feuer nehmen und schnell das Ei und den Parmesan hineinrühren. Auf einem geölten Blech die Masse fingerdick aufstreichen, auskühlen lassen. Runde Plätzchen ausstechen und in eine gebutterte Auflaufform dachziegelartig einschichten. Etwas Butter und Käse darübergeben, im vorgeheizten Ofen bei ca. 200 °C braun backen.
Dazu kann man geröstete Leber oder Tomatensauce geben.

Kaiserschmarrn

5 Eier, getrennt,
50 g Zucker,
250 g Mehl,
⅜ l Milch,
etwas Salz,
nach Belieben Sultaninen und
Pignoli (Pinienkerne),
Backfett,
Zucker zum Bestreuen

Eigelb mit Zucker schaumig rühren.
Nach und nach das gesiebte Mehl,
Milch, Salz, Sultaninen und Pignoli
einrühren. Zuletzt die steifgeschlagenen Eiweiß unterziehen. Den Teig etwa 1 cm hoch in die Pfanne mit reichlich heißem Fett geben, leicht anbak-
ken lassen, mit zwei Gabeln in Stückchen zerreißen, von beiden Seiten
goldgelb backen. Mit Zucker bestreu-
en.
Kompott dazu reichen.

Schwarzplentenschmarrn

2 Tassen Buchweizenmehl,
2 Eier,
¾ l Milch,
1 Prise Salz,
Schittlauch,
Butter zum Ausbacken

Mehl, Eier, Milch, Salz und reichlich
kleingeschnittenen Schnittlauch zu einem Teig verrühren. In der heißen Butter dünne Pfannkuchen backen und
zu kleinen Bröcklein zerreißen.
Eignet sich als Beilage zu Gulasch und
Kraut oder nur zu grünem Salat.

Schwarzplentenstupfer

2 Tassen Buchweizenmehl,
6 Tassen Wasser, Salz, 500 g Birnen
oder Äpfel, 100 g Butter,
noch 1 Tasse Wasser

Das Buchweizenmehl mit heißem
Wasser übergießen, salzen und ein
paar Stunden zugedeckt quellen lassen. Blättrig geschnittene Birnen oder
Äpfel dazumengen. Das Ganze in heiße Butter (80 – 90 g) in eine eiserne
Pfanne geben, das Fett einziehen lassen. In der Mitte der Masse eine Grube bilden und die restliche Butter hineingeben, damit den Plenten rösten.
Zuletzt vorsichtig am Pfannenrand
noch das Wasser hinzugießen, Deckel
auflegen und den Stupfer kurz über-
dunsten.
Der Plentenstupfer wird im Ahrntal
und Sexten zum Abendessen berei-
tet.

Käsestangen

Auf dem Brett alle Zutaten schnell zu
einem Teig verarbeiten und einige
Zeit im Kühlschrank ruhen lassen.
4 mm dick ausrollen und in Streifen
schneiden. Die Streifen auf dem Blech
mit Eigelb bestreichen und bei ungefähr 200 °C im vorgeheizten Ofen
schön goldgelb backen.

150 g Butter,
3 Eigelb,
150 g geriebener Parmesan,
etwas Salz und Paprika,
3 EL Rahm, 150 g Mehl

Grundsätzliches über die Zusammenstellung der Mahlzeiten

____Einer unserer Gäste brachte mir von Griechenland einen handgeschnitzten, schönen Holzlöffel mit, auf dem stand zu lesen: Μηδὲν ἄγαν – alles mit Maß.

Dieser weise Satz aus der Vorhalle des Tempels von Delphi ist nicht nur richtunggebend fürs Leben. Selbst im prosaischen Alltag beim Kochen ist das »Maßhalten«, das »Nicht zu viel« ungeheuer wichtig. Die Ausgewogenheit und Harmonie der Zusammenstellung des Speisezettels, der einzelnen Mahlzeiten, ist eine Kunst für sich. Fette, Kohlenhydrate und Eiweiß müssen im richtigen Verhältnis zueinander stehen, auch dürfen vitaminhaltige Speisen nicht vergessen werden. Das Zeichen von der Vollkommenheit eines reichhaltigen Menüs ist, wenn man nach den Tafelfreuden das Gefühl hat, unbelastet, ja, leicht und beschwingt zu sein.

Eine Hauptsache der vorzüglichen Küche ist das »gute« Fett. Wir kochen nur mit Öl (bestes Samenöl), Butter und Rahm. Rahm ist das non plus ultra der Küche. Welcher Mißbrauch wird in vielen Gaststätten gerade in dieser Beziehung getrieben!

Eine große Rolle spielen natürlich auch die passenden Getränke, die dazu geboten werden. Der Inbegriff des feinen Geschmacks ist die volle Harmonie von Speise und Wein. Im Gastgewerbe muß man besonders darauf achten und auch das Personal dem entsprechend schulen, damit dem Gast der zum Essen passende Wein, richtig temperiert, angeboten wird. Gerade hier in Südtirol mit seinen unzähligen Weinsorten ist es leicht, auch in dieser Beziehung die Küche zu vervollkommnen.

Ein Beispiel für ein Menü, das all diesen Ansprüchen genügt, ist das bei dem Wettbewerb »Der goldene Teller« 1963 prämierte Südtiroler Festtagsmenü.

Regglberger Kirchtagkrapfen

750 g Weizenmehl, 100 g Butter,
etwas Zucker, Salz,
lauwarme Milch,
einige Löffel Rahm, 1 Ei,
Preiselbeerkonfitüre zum Füllen
(oder Mohnfülle, Seite 93),
Öl zum Backen,
Puderzucker zum Bestreuen

Aus den Zutaten auf dem Brett einen nicht zu festen Teig kneten und zugedeckt an einem warmen Platz ½ Stunde ruhen lassen. Dann mit dem Nudelholz ungefähr ½ cm dicke Blätter austreiben und in 10 cm breite Streifen schneiden. Auf die eine Hälfte dieser Streifen in Abständen von 6 cm die Fülle geben, die andere Hälfte darüberschlagen, fest mit den Fingern den Teig um die Füllung herum andrücken und 10 cm große Krapfen ausradeln. Diese in heißes Öl geben und schwimmend goldbraun backen. Mit Puderzucker überstreuen. Man kann sie warm oder kalt essen.

Südtiroler Festtagsessen

Hausgeselchtes mit Kren und Breatln
     Montaner Hügelwein

Milzschnittensuppe

Forelle blau, Bozner Sauce,
Salzkartoffeln   Elvaser Traminer

Hirnpavesen mit Spinat
     Weißterlaner

Gespickter Rehbraten in Wacholderrahm
mit gedünsteten Calvilleäpfeln, Hausnudeln
und heimischen Salaten
     Blauburgunder

Kastanienkoch mit Weinschaum

Regglberger Kirchtagkrapfen
mit Mohnfülle   Kaffee und Rahm

Hirn-Pavesen

1 Kalbshirn,
1 EL Butter, Petersilie,
Salz, entrindete, halbierte
Kastenbrotscheiben,
einige Oblaten, Öl

Tunkteig: 140 g Mehl, 2 Eigelb,
lauwarme Milch,
Salz, 3 Eiweiß

Das Kalbshirn enthäuten. Mit Butter und Petersilie dünsten, würzen. Die Hirnmasse auf die Brotscheiben streichen und die bestrichenen Scheiben mit einer Oblate bedecken. Einen Tunkteig aus Mehl, Eigelb, Milch, Salz und steifem Eischnee bereiten. Die Brotscheiben eintauchen und schwimmend in Öl schön goldgelb backen.
Dazu paßt sehr gut Spinat oder Salat.

Bozner Sauce

3 hartgekochte Eier,
2–3 EL Öl,
2 EL Estragonessig, 1 EL Rahm,
1 Prise Senf,
1 kleingehackte Schalotte,
1 EL kleingeschnittene
Pfeffergürkchen,
1 EL gehackte Kapern,
2 feingewiegte Sardellenfilets,
etwas feingewiegte Petersilie
(auch andere Kräuter), 1 Prise Salz,
1 Prise Pfeffer,
1 Messerspitze Zucker

Die frischgekochten, harten Eidotter durch ein feines Sieb drücken. Langsam und tropfenweise unter stetem Rühren das Öl hinzugeben, auch Estragonessig, Rahm und Senf. Gut rühren! Alle weiteren Zutaten dazugeben und zuletzt das gehackte Eiweiß untermengen.

Für die Freunde der Tiroler Küche, vor allem für jene nördlich des Brenners, werden hier Erklärungen für einige typische Rezept- oder Zutaten-Bezeichnungen gegeben. Zum Teil stammen die Begriffe aus den Rezepten dieses Buches. Zum Teil sollen sie dem Tirol-Urlauber eine Hilfe sein, die Speisekarte oder auch das Warenangebot in den Geschäften zu verstehen.

Beuschel: Lunge.

Buchteln: Mehlspeise aus Hefeteig, in Bayern Rohrnudeln genannt.

Einbrenne: in schäumender Butter angebräuntes Mehl.

Faschiertes: im Fleischwolf durchgedrehtes Fleisch (Hackfleisch).

Fleckerl: viereckige Nudelstücke.

Frittaten: feingeschnittene Pfannkuchen, die als Suppeneinlage gegeben werden.

Germ: Hefe.

Grammeln: Grieben, die beim Auslassen von Speck zurückbleiben.

Ham: Schinken.

Koch: Auflauf oder Kochpudding, immer aber eine Mehlspeise.

Kösten: Kastanien.

Kren: Meerrettich.

Kutteln: Rinder- oder Schweinemagen.

Marillen: Aprikosen.

Nocken: längliche Klößchen aus feinem Teig, die als Suppeneinlage gegeben werden.

Obers: Schlagrahm, Schlagsahne.

Pavesen: dünne Weißbrotscheiben, mit verschiedenen Massen bestrichen, in Fett schwimmend ausgebacken.

Pignoli: Pinienkerne.

Plattlen: flache, ovale Teigstücke (ausgestochen), in Fett schwimmend ausgebacken.

Plentenmehl: Maisgrieß oder Maismehl.

Powidl: Pflaumenmus.

Rahm: süße Sahne.

Ribisel: Johannisbeeren.

Schmarrn: gebackener und anschließend zerstochener Pfannkuchenteig.

Schöberl: Einlage für Suppen; die Teigmasse wird 2 cm dick aufs Blech gestrichen, gebacken und noch warm in Rauten geschnitten.

Schöps: Hammel.

Schwarzplentenmehl: Buchweizenmehl.

Tirtel: gefüllte, zusammengedrückte Teigblätter, die in Fett schwimmend ausgebacken werden.

Topfen: Quark.

Weggen: länglicher Brotlaib.

Zelten: sehr üppiges Früchtebrot mit ganz wenig Teig; besonders beliebtes Weihnachtsgebäck.

Register